パックス

新しいパートナーシップの形

ロランス・ド・ペルサン 著／齋藤 笑美子 訳

le Pacs
Le Pacte civil de solidarité
Laurence de Percin

緑風出版

まえがき

私たちそれぞれが、裁判を受ける可能性をそうとは自覚せずに持っている。というのも私たちは例外なく、意識せず日常的に法を実践しているからである。実際、日常生活の行為はどれ一つとしてこのような見方を裏切るものではない。例えば結婚するとき、銀行に貸付を依頼するとき、遺言を書くとき、消費財や不動産を取得するときなど、法はいたるところにあり、私たちは全員それに関わっているのである。そして、法はこの二一世紀のはじめにかつてないほど複雑で、幅広くなっているようである。

それと同時に、個人は、人間、市民、消費者そして親として、自分が占める地位あるいは社会で果たす役割についての情報、透明性と説明をこれまでになく求めるようになっている。自分が生きる世界での自らの権利義務の範囲をよりよく評価するためである。

このような現実を考慮し、簡単、明確そして実際的な道具を読者の自由な利用に供する目的で、ドゥ・ヴェッキ社はこの「日常の法」シリーズを刊行した。このようなテーマに向き合うプロフェッショナル達がこの全シリーズ、そしてあなたが今手にしているパックス（連帯民事契約）の巻を執筆している。

このガイドを読んだからといって、あなたが実務家や専門家に頼らなくてもよくなるわけではないが、これによって、あなたがこのテーマに親しみ、自らに投げかける以下のような初歩的疑問に答えることがきっと可能になるだろう。

—パックスとはそもそも何であるのか。
—誰がパックス契約を結べるのか。
—公証人のところへ行かなくてはならないのか。
—結婚や同棲に比べてパックスの利点は何か。
—パックスを結んだ人のパートナーに対する義務とは何か。
—パックスは解消できるか。どのように解消できるのか。

ジョエル・デュシェ＝ネスプ（シリーズ編集）
パリ弁護士会所属

" 目次 "

Table des matières

パックス中の共同生活 La vie quotidienne pendant le Pacs

"序論"
Introduction

いくつかの数字
誰がパックスを結んでいるのか？
パックスと結婚
少しずつ判明する欠陥

七度にわたる読会と一年に及ぶ議会審議を経て、カップルの新しい法的地位が一九九九年十一月十五日に正式に誕生した。パックス（Pacte civil de solidarité. PaCS：連帯民事契約）である。この機会に、同棲が公式な地位を授けられている。

フランスでは、五〇〇万人が同棲の状態で生活している（一九九〇年には三〇〇万人）にもかかわらず、この生活様式は民法によって無視されてきた。しかし同棲はもはや法的保護のまったく埒外にあるような単なるライフ・スタイルの一つではないのである。パックス法の第三条は民法に同棲者の地位の公的承認を挿入したので、パックスの議論は、このような欠落を埋め合わせる機会であったと言える。

それだけでなく、同棲カップルは今後、必ずしも異性愛者ではなく、同性愛者でもありうることまで民法は認めている。そしてパックス自体も、もちろん異性愛カップルと同性愛カップルの両者に開かれているが、これは小審裁判所（四三頁のコラム参照）の書記課に登録される契約で、パートナー間の共同生活上のそして連帯責任に関する義務を公式化する。ところで簡単、迅速、便利なパックスは、長所ばかりを備えているのだろうか？　残念ながらそうではない。というのも法律の一部始終を（そしてそれが沈黙している点について）知らない軽率なパートナーにとって、非常に有害ないくつかの落とし穴を隠しているからである。

◆いくつかの数字◆

パックスを創設する契約は、一九九九年十一月十六日に官報に掲載され、直ちに発効している。国立人口統計学研究所（ＩＮＥＤ）によると、六二一一件のパックスが一九九九年十二月三十一日に登録されている。それ以来、熱狂は冷めることなく、三カ月で六〇〇〇から七〇〇〇ぐらいのパックスが締結されるというリズムが維持されている。実際、七七八一の契約が二〇〇〇年最初の四半期に登録され、この年は、以降三カ月ごとに七二八八、八〇〇二、六七八四の契約が結ばれている。つまり一年少しの間に合計二万九八五五件のパックスが登録されたことになる。

そして二〇〇一年三月三十一日には、七二八八件のパックスが小審裁判所の書記課に登録されている。この日パックス全体の数は三万七〇〇〇件に達した。

◆誰がパックスを結んでいるのか？◆

法律は誰がパックスを結んでいるのかを知ることを禁止している。しかし二〇〇一年三月の国立人口統計学研究所の機関紙の中で、同研究所はパックスの滑り出しについてのパトリック・フェスティの総括を掲載している。彼は、登録された契約のうち六〇パーセントが異性愛者のものであると見積もっている。異性愛同棲カップル（二五〇万組）の割合は、三万から五万と推測される同性愛同棲カップルの割合よりずっと多いはずであるから、パックスの統計はただ単にこの統計上の現実を反映したものである。

◆パックスと結婚◆

こういうわけで、白熱した議論、錯乱した非難、情熱的な演説などから一年少しを経て、フランス人はより平和的にこの共同生活の新しい形態を我が物としたようである。パックスは、結婚と同棲の間に自らの位置を次第に見出している。パックスのおかげで、同性愛カップルは同棲よりも首尾よく自らの結合を公式化でき、異性愛カップルは結婚しなくとも互いに約束を交わすことが出来る。

結婚に関しては、パックス法の採択当時に言われたのとは反対に、結婚できる者（つまり異性愛者）にとっては、何かをともに作り上げようとする二人の間の絆であり続けている。これに関しては数字それ自体が物語っており、一九九九年十一月から二〇〇一年三月の間に三五万の結婚式が執り行われている。

◆少しずつ判明する欠陥◆

パックスを制度化する法律が（後で見るように）完璧ではなく、改良の余地があることには変わりがない。欠点をあげたらきりがないが、少なくとも共有推定[※1]の問題をあげることができる。《軽率に》あわててパックスを結んだ最初のカップルたちが、別れることを決めたとき、この共有推定があるために、もともとの所有者がどちらであったかに関係なく全財産を均分しなければならなくなるので、数々の損害を生ずる恐れがある。

共同課税[※2]や贈与[*1]を利用するために要求される期間については、かなり長すぎるように思われる。反対に、パックスの解消はおそらく少し簡単すぎるだろう。というのも二人が同意すればすぐにパートナーを《厄介払い》できるから、これは偽装パックスの締結を、特に公務員の間でどうやら引き起こしそうである[※3]。そしてパートナーのどちらかによる一方的な解消については、執行吏、書留……そして三カ月ですべてが終わる。こうして捨てられたパートナーが、裁判所に訴えることはまだ多くないが、パックスの解消が増え始めたとき、紛争は一部の離婚と同様に長く困難なものになるおそれがある。

最後に親子関係の問題、養子縁組、人工生殖について強調しておこう。多くの、特に同性愛

COLUMN

COLUMN

関連公式文書

・パックスに関する1999年11月15日の法律99-944号、官報1999年11月16日265号
・民法典第1巻、第12編、5151条から515-7条
・1999年12月21日の政令99-1089号、99-1090号及び99-1091号、官報1999年12月24日
・2000年2月3日の政令2000-97号、2000-98号、官報2000年2月5日
・1999年11月9日憲法院[※4]判決99-419号
・1999年11月25日情報処理と自由に関する全国委員会[※5]（CNIL）の議決99-056号

カップルがこれらについて進展を期待していたし、今でもしているけれども、これらについてはパックスは何の変化ももたらさない。

"パックス、その使用法"

Le Pacs, mode d'emploi

誰がパックスにサインできるのか？

パックスの利点と不便

パックスの作成

パックスの登録

契約を修正する

パックスの法的効果

パックスは同性カップルに認められているが、それでもいくつもの条件、特に年齢とモノガミー※6（単婚）の条件に従わなければならない。すぐ後に述べるように、パックスを結ぶための条件が、結婚の場合よりも厳しいこともある。しかし、パックス法は、婚姻外カップル、特に同性愛カップルの承認において、非常に重要な前進である。この承認には、結婚とは区別された行政上の手続を必要とする。届出は比較的簡単であろう。しかし契約そのものの作成には非常に気を使わなければならない。これがカップルの日常生活を組織することになるからである。

◆誰がパックスにサインできるのか？◆

二人の成人した自然人

パックスの署名人は二人の成人でなければならないが、性別は問われない。つまり男性一人と女性一人、男性二人あるいは女性二人でもいい。従って、この新しい共同生活の組織が、一方で、単なる事実上の結合である同棲には止まりたくないが結婚も望まないという異性愛カップル、他方で、結婚するための条件を満たせないために結婚できないカップル、特に同性カップルに提供されていることは明らかである。

もう一つの重要な点は、パックスを結ぶためには、年齢が十八歳に達していなければならないということである。というのも、たとえ親権から解放*2されている者であっても、両親の同意があっても、パックスは未成年には認められていないからである（結婚は、両親の同意によって許される）。

さらに、パックスを結ぶためには能力者[*3]でなければならない、つまりあらゆる精神的機能を有していなければならない。このことから後見[*4]下にある成人は、パックスを結ぶ権利がない。反対に保佐[*5]の下にある者（保護は財産の管理にしか及ばない）については、法律は沈黙している。従って、保佐は排除されるケースで言及されていないから、被保佐人は許可なく自由にパックスを結ぶことが出来ると結論できる。裁判上の保護[*6]下にある成人についても［被補佐人と］同様である。

形式上の禁止

パックスは直系親族間、直系姻族間、三親等以内の傍系親族間では結ぶことが出来ない。具体的にこれの意味することは、パックスの締結は以下の関係では禁止されているということである。

—親と子
—祖父母と孫
—義理の親と婿あるいは嫁
—継父母と継子

―兄弟姉妹間
―おじあるいはおばと甥あるいは姪

ここでは近親姦関連の禁止が問題になっており、これをきちんと理解していないと、結婚の場合と同じように、契約が絶対的無効とされてしまう。結婚の場合は、一定の重大な理由がある場合には、禁止を解除してもらうことができるが、パックスに関しては、法律はその点につき何も定めていない。

さらに、パートナーのうち一人がすでに結婚しているかパックスを結んでいる場合には、新たなパックスの締結は禁止される。従って、この場合には、モノガミーもまた義務付けられている。反対に、新たなパックスを結ぶときに、前のパックスが解消されていれば、同じ人が、続けざまに好きなだけパックスを結ぶことは禁止されていない。このモノガミー原則が尊重されれば、いかなる数の制限も解消後の期間の制限もない。

◆パックスの利点と不便◆

婚姻外共同生活の承認

ユニオン・リブル［自由な結合、同棲のこと］は、その定義からして、法的な枠組みを持たない。

なぜなら、ユニオン・リブルは、カップルのメンバーがその共同生活を法律化する手続が一切存在しないことを意味するからである。だから同棲者はいかなる共同の権利も持たず互いに対していかなる義務も負わないし、そのうえ性的指向も問題にならない。この観点から見ると、パックスは結婚したくないあるいはできない二人の共同生活を法律上承認する可能性を導入したことになる。

注意：パックスを結ぶと、困難な状況にある単身者が享受できる権利や利益が自動的に中止される。つまり単親手当、支援手当、生存配偶者手当※7、共同生活の破綻による離婚の際に支払われる扶養手当などはパックスの締結によって中止される（《パックス中の日常生活》の章を見よ）。

同性愛カップルの承認

パックスの制度は、同性愛カップルにとっては、さらに大きな意味を持っている。まず、パックスのおかげでついに同性カップルは自らの結合を公認させることができるようになる。しかし、この点が重要であるのはむろんだが、他にも、パックス法は、同棲は異性愛同棲であると自動的にみなすことは必然的ではなく、同棲は同性愛でもありうるという事実を認める意味も持っている。というのも、これまで社会（裁判所、公的機関、賃貸人[*7]、使用者など）には、異性愛同棲には認めてきたいくつかの権利を同性愛の同棲には拒否する傾向があった。それらの権利というのは、例えば、社会保障制度である死亡一時金の支払い、賃借権の移転、無償譲与[*8]、カップルのうち一人の死亡についての損害賠償などである。同性愛者に対するこのような態度は、これからはもう合法ではない。なぜならパックス法は、同棲をより広いものとして定義しているからである。《同棲は、カップルとして暮らしている性別の異なるあるいは性別をを同じくする二人の間の、安定性と継続性を特徴として示す共同生活によって特徴付けられる事実上の結合である。》

従って、同棲者の地位は、パックスを結んでいない場合も含めて、今後は同性愛者にも認められることになり、あらゆる同性愛カップルが特別な手続一切なしに同棲者として自らを主張できるということになる。

しかしながら、この法律はこの事実状態の法的効果については何も述べていない。

結婚と同棲の間で

パックスは、結婚ではなく同棲に置き換わるものとして考えられたので、その長所はこの二者の中間に位置づけられることになる。もしこの契約を結んだカップルが互いに対して現実の義務を負わなければならないとしても、これは結婚によってもたらされる義務ほど完全ではない。カップルの一人が死亡した際の生存配偶者の保護に特に見られるように、結婚の場合は、法律上および契約上の非常に詳細な諸規定に家族は従わなければならない。

反面、パックスでは、パートナーが公式にカップルとして認められているから、同棲よりは

COLUMN

他のヨーロッパ諸国では？

数年来、ヨーロッパ諸国は次第に同性愛カップルの承認の方向へと進んでいる。しかし、すべての国が同じスピードでというわけではない。1989年10月1日、デンマークは、《登録パートナー》という方法で、同性カップルを配偶者と同一視する特別な法的地位を実施した最初の国となった。1993年にノルウェー、1994年にスウェーデン、1996年にアイスランド、1999年にはスイス（そしてフランス）、2000年にベルギー、2001年にポルトガルとドイツがこのモデルに続いた。これらの国々では、自らの共同生活を公式に登録したカップルは、養子縁組と人口生殖への権利を除いて、結婚しているカップルの地位と実質的には同様の地位を持つ。

これ以外の国々では、（特にスペインやイタリアにおける）いくつかの都市や地域での象徴的な（形ばかりの）発案の後、国レベルでの議論はまだ決着していない。反対に、ヨーロッパで最も進んだ国は、オランダである。1998年に、オランダはまず1989年のデンマークの法律と同様のものを採択したが、他方で同性愛カップルに結婚と養子縁組を認めることについての検討を継続していた。そして最終的に、この方向での二つの法律が2001年4月1日に発効しており、これによってオランダは、あらゆるカップルを、同性愛であろうと異性愛であろうと同一に扱う最初の国となっている。

保護が強く、カップルはその日常生活を助ける社会保障上、税制上の利益を受けることが出来る（《パックス中の日常生活》の章を見よ）。

しかしながら、そもそもパックスの届出は、民事身分登録簿[※8]ではなく、パックスのための特別に設けられた登録簿に転記され、同棲と同じように、パートナーの民事身分や氏にいかなる影響も与えない。

パックスはまた、同棲者、とくに同性愛の同棲者にとってのいくつかの根本的な問題を解決していない。パックスは、相続に関して一定の改善をもたらすけれども、カップル間の本当の相続権を設定しないという点で同棲とあまり変わらない。同様に（政府も憲法院も強調したように）、パックスは親子関係に関する規範を一切変更しない。つまりパックスを結んでいる両親から生まれた子は自然子［いわゆる被嫡出子のこと］であり、養子縁組は、パックスを結んだカップルには禁じられている。

これらの問題は、これらを規律している法令が、それ自体修正されない限り解決されることはないであろうし、これには時間がかかるであろう。それまでは、養子縁組は、結婚しているカップルか、養子との年齢差が十五歳より大きい二十八歳以上の（パックスの有無に関わらず）個人にしか認められていないことになる。

そして、人工生殖には、異性愛のカップルしかアクセスできない。同棲者であろうとパックス締結者であろうと、人工生殖を使うには二年間の共同生活期間を経ていなければならない。彼らが結婚していれば、結婚継続期間の条件はない《パックス中の日常生活の章》も見よ。

	パックス	同棲	結婚
財産制	共有	なし	後得財産[※9]に限定された共通財産制（公証人の関与なし）
子	自然子	自然子	嫡出子
養子縁組	養子との間に十五歳以上の年齢差がある場合に、カップルのうちの一人に単独でのみ認められる		カップルに認められる。
人工生殖	共同生活期間が二年以上続いている異性愛カップルに認められる。		結婚している期間の条件はない。
住居	使用継続の権利	使用継続の権利	賃貸借の移転
社会保障：受給権	あり	なし	あり
労働：家族の事情による休暇[※10]	あり	なし	あり
課税	三年後から共同課税	分離課税（内縁が周知の場合の連帯富裕税を除く）	共同課税

贈与と相続：控除 税率 （一ユーロはおよそ六・六フラン）	三七万五〇〇〇フラン 最初の一〇万フランまで四〇%、それ以上は五〇%（贈与についての優遇は二年経過後から）	一万フラン 六〇%	三三万フラン 五%から四五%
債務	日常生活の債務は連帯債務	連帯なし	連帯債務
別離	死亡・一方または双方の婚姻・一方の意思	自由	死亡・離婚・別居

◆パックスの作成◆

パックスは契約である

パックスは法律の範囲内で、二人の人が自分達の義務の内容を決めて自由に結ぶ私法上の契約である。そのようなものとして、パックスは民法一一〇一条以下に含まれている契約と債権債務関係に関する条項によって規律される。私署証書[*9]に関することなので、二人の契約者の間でパックスが効力を持つためには、公式にそれを登録する必要は全くない。しかしながら、登録することによって、契約を第三者や他の組織に認めさせることができる。例えば、税務署や賃貸人、使用者などに対してである。以上のことから、注意深く契約を作成し、小審裁判所の書記課[*10]に届け出ることに利益があるのである。

ちなみにあらゆる契約同様、以下の三つの条件を満たさないパックスは取り消しの対象である。

1　契約者は、契約を結ぶ能力がなければならない。あらゆる能力をもつ成人のみがパックスを結ぶことができるということをすでに最初に見ておいた（一九頁参照）。

2　契約者の同意は自由なものでなければならない。パックス契約者それぞれが自発的に強制のない状態で契約を結ばなければならない。民法一一〇九条は、たとえ契約書の下のほうに二人の契約者の名前があったとしても、各契約者は、その同意が錯誤、詐欺[*11]、強迫によって得られたと判断したときは、契約を取り消すために訴え出る権利を持つことを明らかにしている。

3　契約は、適法な目的を持たなければならない。契約は、その締結の目的が適法でないときは取り消される可能性がある。パックスに関する法律は、この法律が定める相互的かつ物質的な扶助と共同生活を組織することがパックス契約の目的でなければならないとしている。パックスがこれらの原則に反する条項（例えばパートナーの一方の負担があまりに不均衡であること）を含む場合、この条項は取り消されることがあり、パックス自体の取り消しをも引き起こしうる。

付言すると、《偽装パックス》（これは、この法律が運用された最初の年を通じて常に問題となっていた。この偽装パックスは、とくに一部の公務員の昇進と配置転換に関する利益を狙うものである。七八頁参照）は、目的が適法でない契約の例そのものである。

契約を作成する

パックス法には、パートナーが採用できる共同生活の方式については指示がない。だからパートナー達は方式を自由に決め、好きなように契約書を作成することが出来る。従って、《私達［各パートナーの氏名］は一九九九年十一月十五日の法律によって規律されるパックスを締結する》という簡単なフレーズに契約を限定することも出来る。たとえ契約が共同生活に関してそれ以上の詳細を含まないとしても、この契約は、パックスカップルの権利義務に関してこの法律に定められた効果を当然にもたらすことになる。つまり相互的かつ物質的扶助、日常生活上の出費（住居費、食費、維持費、子の教育）についての連帯債務、同様に、パックスによって導入される社会保障や租税についての措置などである《パックス中の日常生活の章》を見よ）。

契約書の下部に二人そろって署名をし、両パートナーは同一のものをもう一部作成したうえで、パックスの届出をするためにそろって小審裁判所書記課へ行く。

注意：この手続の前に、まず各パートナーはすでに別のパックスを結んでいないことを証明できるようにしておかなければならない。そのためにそれぞれの出生地の小審裁判所書記課に必要な証明書の送付を申請しなければならない。ただしパートナーの一人が外国で生まれている場合、この証明書はパリ大審裁判所書記課によって提供される。

この二つの書類といくつかのほかの書類をそろえない限り、パックスの登録は不可能である。

より詳しい契約にする……しかし詳しすぎず

簡単であまり詳しくない契約の問題は、二人のパートナーの間で紛争があり、彼らがその解決のため司法裁判所に提訴した場合、裁判所は、パックス法の非常に不明確な規定を解釈しなければならなくなるということである（しかも不明確な規定はたくさんある）。その際判決が、パートナーの一方を必ずしも満足させずに他方を不利に扱う危険がある。

こういうわけでお互いに対する義務についてより明確な文章で定めておくのが、とくにパートナーの一方の財産が他方より大きいときには、身のためである（のちのモデル参照）。

また詳細なパックスの別の利点はこうである。上手くいっているときは最悪の状況を予見するのは難しいとしても、詳細なパックスによって解消の条件、一方の他方に対する義務の不履行の結果などを最初からはっきりさせておくことが出来る。それから、他に相続人、とりわけ遺留分付相続権者[*12]がいる場合には、どちらかの死亡の場合と生存パートナーの保護のことを特に考えておく必要もある。

反対に日常生活の出費については、専門家達は、契約に柔軟性を残し、揉め事を防ぐように、あまり詳細に入り過ぎない方がおそらくいいと考え始めている。というのも契約が詳しくなればなるほど（一人が家賃を払い、もう一人が食費全体を引き受ける……）、金銭上の小さな紛争が起きやすくなるからである。従って家族状況と金銭状況のそれぞれに応じて、共通の義務の輪郭のみを定めるのが一番よい方法であるように思われる。そうして、各人が細部については相手を信頼するということになる。

あるカップルが、二人にとって法律上申し分なく、長期的に存続可能なパックス契約を作り上げたいと望むとなると、法律家の助けなしにそれを作成するのはとても困難である。この点につき法律は再び沈黙しているが、現行法が尊重される以上、カップルは独力で契約を作成することも、公証人や弁護士の援助を要求することも出来る（コラムをみよ）。

COLUMN

どうやって助けてもらう？

法律家の中では、結婚か同棲かパックスかにかかわらず、カップルに助言するには公証人が一番適していることが多い。公証人は、例えばカップルが不動産を買ったり売ったり相続したりあるいは相続に備えたいと思っている場合に、法律上、税務上の解決策を調整して提案することに慣れている。パックスに関して、パックス法が明確でなく、このためにパートナー達が必ずしも自分達の状況に適さない選択をしてしまうことがあることを公証人たちはしばしば強調している。自らの契約を作成するのにちょうどいい出発点となりうるパックス型のいくつかの合意がある。

料金については、公証人にパックスを作成してもらうには1500フランから3000フランかかり、うち500フランは固定登録料である。公証人の援助に関するあらゆる問い合わせについては、各県の公証人会議所かインターネットサイト（www.notaires.fr）でコンタクトをとる必要がある。さらにこれらの会議所は定期的に無料相談を実施している。

また弁護士の助けを求めることも出来る。家族問題（特に離婚関係で、財産分与と家族紛争解決の合意）の専門家を選ぶのがよいであろう。各県の大審裁判所の弁護士会に相談してもよい。弁護士相談料は、状況の難しさとそれにかかる時間によって異なる。弁護士の無料相談については市役所で問い合わせることも出来るだろう。

パックスのモデル

（それぞれの項目に関する作成上の詳細なアドバイスは《パックス中の日常生活》の章にある）

（日付）
ムッシュ（マダム）……
生年月日・出生地……

および

ムッシュ（マダム）……
生年月日・出生地

以下《パートナー》は、
両者の間で民法五一五－一条以下に従い、……（居住地を管轄する）小審裁判所書記課にパックスの共同届出をするために、以下の合意を結ぶことを決定する。

能力の宣言

パートナーは民法五一五－二条に定められているような禁止のいずれにも該当しないことを宣言する。

共同居所[※11]

パートナーは共同居所を……（住所）に定めることを宣言する。

パートナーの義務

パートナーは相互的かつ物質的扶助をもたらす義務を負う。それぞれの能力に応じて、日常生活の需要に出費する。

（詳細にしたい場合）この義務の履行については、共同生活を以下のように組織することを決定する。

—日常生活の出費：……
—共同の住居：……
—他の共同出費：……
—個人的出費：……
—子の扶養：……

連帯

各パートナーは個人的な金銭および単独名義でひらいた銀行口座に預けている金額を自由に処分できる。しかしながら、パートナーは第三者に対して、日常生活の必要および共同住居に関する出費について結ばれた債務を連帯して負うから、これらの金銭は民法五一五‐四条に従い差し押さえられることがある。

家具

この日に、両パートナーは以下の家具について所有者であることを宣言する。

——……に排他的に属する家具：（動産のリスト）
——……に排他的に属する家具：（動産のリスト）
——……と……に共有の形で属する家具：（各々の共有の割合とその動産のリスト）
パートナーがパックスの締結前に共にまたは別々に有償で取得した家具については、次の割合で共有の財産制にすることに合意する……
（または）パートナーはこれらを別産制の下におくことに合意する。

家具以外の動産
この日に、両パートナーは以下の家具以外の動産について所有者であることを宣言する。
——……に排他的に帰属する家具以外の動産
——……他方に排他的に帰属する家具以外の動産
——……と……に共有の形で帰属する家具外動産（動産のリストと共有の割合）
パートナーの一方が、この契約の締結以前に有償で取得した家具外動産の所有者は、取得証書、引き受け証書において決定される。そうでない場合、これらの財産は均分割されるものとみなされる。

パートナーの一人による義務の不履行
パートナーのうち一人がその義務を果たさない場合には、他方のパートナーの要求から……ののちに、義務を履行しないパートナーは遅延一日につき……フランの罰金を支払わなければならない。

パックスの一方的な解消
パックスの一方的な解消の場合には、パートナーは民法五一五ー七条に従い、少なくとも……日の他方に対する通知期間を尊重する。

財の清算は以下のように行う。

―共同住居：捨てられたパートナーは有効な賃借を続けても、また都合のよい日付で賃貸人に解約通告をしてもよい。

（共同住居がカップルの所有の場合）捨てられたパートナーは売却まで住居を占有することが出来る。この場合、該当期間中、住居を占有するパートナーはその住居に関する税、場合によっては占有に対する補償の義務を負う。

―権利義務の清算：……（家具、車、銀行口座、代理権、個人債務と共通債務）

解消の金銭的結果：一方的にパックスを終了させることを決めたパートナーは解消の年を通じて税の半分と、解消の年の収入で計算された翌年の税の半分を支払う義務を負う。（場合によっては扶養義務についても調整）

子：……

パートナーのうち一方の死亡

共有者の死亡時には、その取り分は存続パートナーに帰属する（場合によっては期間を定める）。

パックスの発効日

このパックスは、共同居所を管轄する小審裁判所書記課の登録簿に両パートナーの共同での届出が登録されてから発効する。

パックスの修正

このパックスを修正するには、もともとの届出を行った小審裁判所書記課への共同届出をしなければならない。

場所
日付
サイン

◆パックスの登録◆

書記課の役割

一たび作成されたパックス契約は二部作成されなければならない。必要な書類をまとめた後（《提出すべき書類》のコラム参照）、共同居所を管轄する小審裁判所書記課にカップルは出向く。書記は書類が適当かどうかと、近親者間のパックスや無能力の問題がないかを調べる。問題なければ、書記は、この目的用に備えられた登録簿へ届出を登録する。この登録時に、書記は契約の二つの原本のそれぞれを査証し、これらに日付を入れる。この日付は重要である。というのもこれはこのパックス契約に公的性格を与えるからである。つまりこれによってパックスが第三者にも効力のあるものとなるのである。

それから書記は、パックスの存在を証明する証明書とともに二部の契約書をパートナーのそれぞれに返却する。この証明書は各パートナーの氏名、生年月日、出生地、登録地を含んでいる。

パックスの届出は各パートナーの出生地の小審裁判所書記課に送付され、パートナーが同時に別の契約を結ばないように、こちらの書記課も自身の登録簿にこの届出を転載する。もし当事者が外国生まれの場合、パックスの届出はパリ大審裁判所に転送される。

注意：小審裁判所書記課はこの合意の写しを保管しない。従って各パートナーは自分自身でこの重要な書類を大事に保管するように気をつけなければならない。公証人や弁護士、信頼できる人などに預けておくのも手である。

ちなみに、登録された情報の写しを要求できることやこの情報を受け取れる人、出生地の小審裁判所への転送について、書記課はカップルに教えておかなければならない。反対に、小審裁判所には、パックスに関連する権利義務については情報を提供する義務はない。

COLUMN

提出すべき書類

・署名の入ったパックス契約オリジナル２部。

・各パートナーの身分証明書（身分証明書、パスポート……）

・各パートナーの親子関係の記載された出生証書の抄本ないし謄本、または民事身分証明が入手できないときは公知証書。

・パートナーの間にパックス締結を妨げる親族、姻族関係がないことの宣誓書（《親戚関係不存在宣誓書》のモデルを参照）。

・パートナーがすでに別の人とパックスを結んでいないことを証明する、出生地の小審裁判所による最新の証明書。外国での出生の場合には、この証明書はパリ大審裁判所書記課によって提供される。

・共同居所が届出をする小審裁判所の管轄地に定められることの宣誓書（《共同居所に関する宣誓書のモデル》参照）。

ちなみに、離婚や配偶者との死別の場合、過去の結婚に対応する家族手帳[※12]か以下のものを提示しなければならない。

—離婚の場合、親子関係が記載された過去の結婚証書の抄本または謄本。

—配偶者と死に別れている場合、死亡した配偶者の親子関係記載の出生証書の抄本または謄本。

これらの書類はパックスの解消の日から30年間保存される。

親戚関係不存在宣誓書のモデル

下記署名者、……（住所）に居住するムッシュ（マダム）……とムッシュ（マダム）……は、民法五一五−二条に従い、両者の間に、パックスの締結を妨げるいかなる親戚関係も存在しないことを宣言する。

私達は、
—直系親族ではない
—直系姻族ではない
—三親等以内の傍系親族ではない

場所・日付
サイン

共同居所に関する宣誓書

下記署名者、ムッシュ（マダム）……とムッシュ（マダム）……は、私達の共同居所を以下に定めることを宣言する。
……
すなわちこれは……小審裁判所の地理的管轄地である。

場所・日付
サイン

書記課の登録簿には誰がアクセスできるか？

パックスの届出が、それをまとめるために政令によって特別に作られたファイルに登録されるとなると、誰がそしてなぜこのファイルを参照することが出来るのかという問題が生じる。合意内容そのものは分からないとしても、これはパートナーの民事身分（従って性別）、親子関係、住所、場合によっては契約の修正、解消の理由について極度に詳細な情報を含む。

ちなみに同じ政令は、登録簿中に含まれるデータのオートメーション化された取り扱いを認めている。だから、例えばパックスカップルの性的嗜好に関する情報が、集められる可能性が心配されるかもしれない（社会学的調査、広告のための住所録の作成など）。ところで性的指向は私生活に属し、それ自体憲法の保障する個人的自由に属する。

また、登録簿が公表されてはならないとしても、一定の行政機関と、公証人のような一定の職業の者には、アクセスが認められなければならない。そういうわけで憲法院と情報処理と自由に関する全国委員会（ＣＮＩＬ）が一九九九年十二月二十一日の政令を作成するために諮問されたのである。

まずこの政令は、パックスの登録簿にアクセスが認められる人の一覧を定めている。これには、パートナー自身（場合によっては、もしあれば後見人。《パックスの終了》の章を見よ）の他に、税務署、家族手当金庫、社会保障機関、司法機関、執行吏および公証人、裁判上の管理者、パートナーの一人が企業を経営している場合は、企業の清算手続における裁判上の精算人などが含まれる。

このようにこの一覧は限られている。

注意：書記は、パックスの登録時にカップルにこれらアクセスを認められた人の一覧を渡さなければならない。

最後に、パートナーの一人が、日常生活あるいは住居の出費に関して債務を負っている場合（《パックス中の日常生活》参照）、債権者は債務者であるパートナーについてのみ、一定の条件の下で、あらゆる情報を得ることが出来るが、その相手についての情報は何も得ることはできない。しかも、もう一方のパートナーがカップルの債務に関して連帯債務を負っているとしてもである。実際、債権者がもう一方のパートナーに支払いを要求するときには、執行吏に申し立てをしなければならず、この執行吏がパックスカップルの二人のメンバーに関する情報についてアクセスできるのである。

書記がパックスの登録を拒んだら？

パックス法を実施するための三つの政令の一つである一九九九年十二月二十一日の政令九九－一〇八九号の一条はこう言っている。《届出の登録条件が満たされていない場合、［書記は］理由を知らせて不受理の決定をする。》これは、何か書類を欠いているとか、書類のどれか一つが正しくないとか、より重大なケースとして、パートナーの一人の無能力、さらには障害（パックスと両立できない親族関係）があるとき、法律は書記がパックスの登録を拒むことを認めているということである。

反対に、法律は、パートナー達が登録の拒否に異議を申し立てたいときにどのような争訟が可能なのかを全く述べてない。ただし書記はその決定を理由付ける、つまりその詳細な理由を

COLUMN

小審裁判所は何をするところか？[※14]

フランスには、各郡の郡庁所在地に473の小審裁判所がある（パリに関しては、区ごとに小審裁判所を持っている）。その裁判上の役割は日常生活の争い、特に損害の額が5万フラン（7622ユーロ）以下の争いを解決することである。ちなみに小審裁判所は、家族と民事身分の問題について大審裁判所と管轄を共有している。小審裁判所は特に、後見、保佐、未成年の解放、民事身分証明の交付、扶養手当の解除、パックスの登録を引き受けている。

小審・大審裁判所と控訴院、破毀院では、書記課が諸手続に関する文書と届出をまとめる業務を負っている。

自分に関わる小審・大審裁判所については電話帳を見ると分かる。また市役所に問い合わせたり、法務省のサイト（http//www.justice.gouv.fr/）の《あなたの地域の裁判所》欄で調べることも出来る。

述べなければならない。カップルは情報を与えられるから、それに対応することが出来る。単に書類を付け加えたり更新してもらったりすることが必要であれば、公式の争訟は起きる余地がない。いずれにせよ、純粋に行政の問題であれば、書記課が属する小審裁判所長宛に階層的申し立て[※13]をするのがもっとも合理的な方法であろう。拒否がより微妙な問題に基づく場合であっても（例えば、カップルが訴えたいことが親族関係のことであるとき）、争訟の可能性は、パックス法の条文上、あるいはこれを実施するための政令上歓迎されているようである。この分野では弁護士の助けが不可欠なように思われる。

外国での登録

二人のパートナーのうちどちらかがフランス人であれば、フランス以外の国（ＥＵ外を含む）でもパックス契約を結び登録することが出来る。従って、外国に住んでいるフランス人が、別のフランス人とであれ外国人とであれパックスを結びたいと望めば、フランスで要求されるのと同じ手続きを踏まなければならない（契約を二部作成することなど）。共同届出は、共同居所がある場所の大使館か領事館においてする。それにはパックスの締結に必要な書類、フランス国籍を証明するもの（有効期限内の身分証明書、親子関係記載の出生証書、有効期限内の領事館への登録書……）を提示しなければならない。

外国でのパックスの締結に関する問い合わせは、外務省のホームページ（http//diplomatie.fr）の《フランス人と外国、外国で暮らす》の欄で調べることが出来る。

またフランス外で生まれた外国籍の人でパックスをフランスで結びたい人は、パックスの届出に関する書類に加えてその国の在仏領事館によって交付される慣習証明書[※15]とそれに記載された民事身分関係書類を提示しなければならない。これらの書類は、フランス語に翻訳され、万一の場合には真正であることを証明されていなければならない。この点に関する情報は小審裁判所書記課で得られる。

◆契約を修正する◆

一方的な修正は出来ない

契約者が、最初の契約内容を修正できるのは、共同の承諾によってであり、パックスが登録されたときからこれを修正することが出来る。つまりパックスの登録とその修正の間には一定の守るべき期間の要件はない。同様に、法律は限界を定めていないから、好きなだけいくらでも修正することが出来る。

しかし、わずらわしい手続を避けるために、多くの注意をはらってパックスを作り上げ、どうしても必要なときにだけ修正するのが一番よいであろう。

共同の届出

パートナーが望めば、改めて法律家の助けを借りることも出来るし、新しい契約を自分達だけで作成してもよい。ここでもまた、決め手となるのは状況がどの程度複雑かである。最初の作成のときに法律家に頼ったとしても、契約の修正に取りかかるのにアドバイスを求める必要がないと判断すれば、もう一度法律家に助けを求めなければいけないということは全くない。

修正を行う証書は、契約そのもの同様、同一の二部の無印紙書類でなされる。パートナーは、最初の契約が適法となるのと同じ条件（二七頁参照）をもちろん考慮に入れて、その条項を起草する。

それからは二つの選択がある。カップルは修正のための証書を登録してもらうために、自分達のパックスが登録された小審裁判所に戻って証書を提出してもよいし、同じ書記課に、自らのパックスを修正したい旨共同で宣言する日付と署名の入った手紙をそえて、配達証明付書留で送付することにしてもよい。

自分達のパックスの参照番号を書くのを忘れないように。

書記は、二部の原本の適法性を審査する。問題なければ、書記は修正の届出をパックスの登録簿に登録し、二部の修正証書に日付を入れて有効にしたのち、それをパートナー達に、手渡しであるいはパートナーが郵送による手続を望んでいれば配達証明付書留で返却する。

注意：修正証書の内容は書記課には保存されない。契約そのもの同様、それを引き受けなければならないのは両パートナーである。

契約のときと同じように、修正の共同届出をまとめる書記課は、各パートナーの出生地の小審裁判所に直ちにそれを転送しなければならない（外国生まれの人についてはパリ大審裁判所）。これら裁判所がパックス登録簿に修正を転記する期間は三日間である。

外国に住んでいたとしても、フランス大使館あるいは領事館に行かなければならない（あるいは送付しなければいけない）という違いを除いて手続は全く同じである。

◆パックスの法的効果◆

相互的かつ物質的扶助

最初に述べたように、ユニオン・リブルと異なって、パックスはパートナー間の権利と義務を生む。これらの権利義務は、小審裁判所書記課へのパックスの届出から始まる。義務のほうは、一言で言えば、「連帯」である。こうして両パートナーは、その契約の定める方式に従って相互的かつ物質的に助け合う義務を直ちに負い、日常生活の必要と、共同住居に関する出費についても連帯して債務を負う。

義務的共同生活

カップルの共同生活は必ずしも住所が共通であることを意味しない。これに関して、憲法院は《共同生活の概念は利益の共同だけを指すのではなく、二人の人が単に同居していることのみを要請するのでもない》と述べ、さらに共同生活は《共同の居所に加えて、カップルの生活》を前提とすることを明らかにした。

これについてパックス法は、《共同生活》、《共同居所》、《共同住居》などを続けて列挙しているが、あまり明確ではない。これらすべてが、パックスパートナーは本当に同じ住居に同居していなければならないということを意味するように見える。しかしながら、結婚しているカップルの場合は共同の住居を持っていなくても共同生活の成立は問題にはされない。従ってパックスカップルは同様の準則を利用できるだろう。まとめると、異なる二つの住居を持つことは可能であるとしても、共同の居所を定めなければならず、これがパックスの届出と場合によってはその修正が、どの裁判所で行われるかを決める。

"パックス中の共同生活"

La vie quotidienne pendant le Pacs

住居

財産

相互的かつ物質的扶助

社会保障

フランス国籍の取得

労働

パックスカップルの税制上の地位

パックスは、住居、財産、社会保障、労働、税金などの日常生活のあらゆる領域で数多くの法的効果をもたらす。パックスを結んだパートナーは、本当のところ相互に何を義務として負うのか、そして他の相互的な義務からどんな利益を引き出せるのかを見定めるために、ここでは一つずつこれらを検討してみる。というのもこの法律は、パックスを結ぶことを決めた同棲カップルの日常生活を改善するために多くの利益を定めたからである。しかしながら、それでもなおこの法律は、知っておかなければならないいくつかの不都合とリスクを含んでいる。

◆住居◆

パックスのふたつの長所

パックスを創設する一九九九年十一月十五日の法律が、賃借している同棲者の権利を本当に改善したのは、住居の放棄（コラム参照）や賃借の単独名義人であったパートナーの死亡の場合のみである。名義人が住居を放棄した場合、賃貸借の残りの期間については、賃貸借契約は残されたパートナーのもとで変更なく継続されなければならない。名義人が死亡した場合には、賃貸借契約は、必ず生存パックスパートナーの名義に移転されなければならない。

これは同棲者にはないメリットである。パックスなしではこの賃貸借の継続や住居に残るパートナーへの移転の権利は、名義人の住居の放棄や死亡の日に、同棲が少なくとも一年は続い

COLUMN

《住居の放棄》とは何か？

これは、カップルのうち１人の突然の思いがけない出奔を指す。従って、本当に《放棄》であると認められるためには、出奔が予見されたり協議されていてはだめである。つまり転居に関わることではあるが、事前に手はずが整えられていてはいけないのである。入院や住居を離れることを必要とする病気の場合もあるが、これは重大なものでなければならない。

反対に名義人である賃借人が、住居を離れる前に賃貸借契約を解約した場合は、住居の放棄が認められないことは明らかである。出奔が一時的でしかない場合（旅行、療養……）の場合も同様である。

しかし住居の放棄がひとたび認められれば、放棄されたものに有利な法的効果を引きおこす。例えば、離婚の手続においては、この出奔は裁判官によって過失とみなされる。パックスの場合には残されたパートナーは、手続なしで家屋を維持する権利を持つ。

ていない限り機能しない。[※16] パックスの場合には、パックスが賃貸借期間中に締結された場合も含めて、この一年の期間の条件は課されない。しかし、結婚している配偶者とは異なって、賃貸借の終了時には、非名義人は権利も名義もないままである。

賃貸借の非名義人：住居に関する他の権利はない

残念ながら、他の多くのしばしば悲劇的な状況においては、パックスは賃貸借の名義人ではないパートナーの権利について何も変更しない。つまりこのパートナーは何の権利も持たないということである。名義人である賃借人は単独で賃貸借を解除し住居を明け渡すことを決定できる。パックスを結んでいようといまいと、他方のパートナーの同意を得る必要はない。名義人でないパートナーはこの決定に対して対抗するいかなる手段も持たないので、予告期間が経過したらこのパートナーは転居しなければならない。しかしながらこのパートナーが単独で家賃を払うことができるならば、自ら名義人として名乗り出ることに対してはそれを妨げるものはない。

パックスパートナーが別離し、どちらか一人がその住居に止まりたい場合も同様である。名義上、賃借人でないパートナーは自分の名義への《自動的な》賃貸借の移転の権利を持たない。賃貸借の移転を望む旨を賃貸人に告げることは出来るが、賃貸人に受け入れの義務はない。

最後に、賃貸借を終了させるのが所有者である場合、法律に照らして、パックスカップルは同棲カップル以上の権利を持たない。つまり、賃貸借契約が一人の名義人しか含まないとすると、名義人でない方はいかなる権利も資格も持たない占有者である。従ってこのパートナーは[六カ月間の]予告期間の終了とともに住居を離れなければならず、この事実状態について対抗するためのいかなる申し立てもできない。

ついでながらここには矛盾があることに注意してほしい。なぜならパックス法の文言によれ

COLUMN

共同名義人のパートナー

お分かりのように、結婚している配偶者に与えられる権利をパックスは与えているわけでは、全然ない。結婚カップルの住居は《夫婦の住居》である。この用語は、捨てられた配偶者の保護についてのいくつかの準則を言外に含んでおり、この準則はパックスパートナーには一切適用されない。事実、配偶者は、結婚によってその名前が契約にはなくとも、自動的に賃貸借の共同名義人とみなされる。賃貸人がカップルに解除を申し出る場合、各メンバーがそれぞれの名前で、法定の形式で通知を受けとらなければならず、そうでない場合、解約は効力を持たない。同様に、カップルが離婚あるいは別居し、名義人でない配偶者が住居に止まることを望む場合、この配偶者は特別な手続なしでその権利を持つ。

パックス（あるいは同棲）カップルが同様の措置を受けたい場合に最もよい解決策は、２人のパートナーの名義で賃貸借契約をすることである。こうすれば２人のうち１人による賃貸借契約の解約は、他方の同意なしには不可能である。そして賃貸人は解約を申し出るときには、各共同名義人宛で解約の手続をしなければならないことになる。

さらにこの場合、家賃の支払いについての連帯責任が課されるのは当然のことである。

ば、パックスパートナーは、賃貸借契約の名義人でなくとも連帯して家賃支払いの義務を負うからである。このことは、本来、名義人である方のパートナーと名義人でないパートナーを同列に置くはずである。ところが、住居の債務についての連帯は賃貸借についてのいかなる補足的な権利も引き起こさない。

単独所有の場合

パックスの締結前にパートナーのうち一人によって住居が取得された場合、このパートナーはこの住居の唯一の所有者に止まり、賃貸、売却、自ら住むなど好きなようにこれを処分できる。さらに、これを貸す場合、パックスは補足的な権利を与えている。自分のパートナー、あるいはその親、祖父母、子をそこに住まわせるためにそれを取り戻すことができる［賃貸人は、解約の理由、その住居に住まわせる予定の者の名前等を示して、半年前までに解約予告を行う］。この権利は同棲者の間でも存在するが、この場合にもやはり賃貸借契約の解約の日に同棲期間が少なくとも一年を経ていなければならない。

パートナーの一方による共同住居の購入がパックスの締結の後になされたのであれば、状況はより微妙である。というのもパックス法は、取得証書や株式の引受け証書（Acte de souscription）によって異なる定めをしなければ、パックス中に有償で取得された家具以外の財産はすべて《均分の共有推定がされる》と定めているからである。このことは、住居の購入のために支払われた金銭がパートナーの一人によって単独で支払われているとしても、共同住居の取得証書にそれを確認する条項がなければこの不動産は各パートナーに均分に帰属しているとみなされるということを意味する。

住居を単独で購入し、それをパックスのパートナーと共有している者にとって、共有は非常に危険なものでありうることがここで判明する。というのもパックスの解消のときには、このパートナーは自分の財産の半分しか所有していないことになるのである。こういうわけで、公証人によって作成された取得証書において全額を支払ったパートナーを唯一の所有者として示し、明確に現実を反映するのが望ましい。このようにパックスの破棄や解消の場合に、カップルの家やマンションに関する権利の争いが起こる余地のないようにすべきである。

最後にパックス契約の署名以降の住居購入は、特に財産の割合が不均衡な場合には、パックスの修正を必要とするかもしれないことに注意されたい（《パックス、その使用法》参照）。

パートナーが共同所有者の場合

パックス締結後の両パートナーによる共同住居の購入の場合も、逆説的なことに、状況は二人のうち一人が単独で購入した場合と同じである。すなわち購入証書のなかに何も規定されていなければ、共有が推定され、各パートナーが住居の半分の所有者とみなされる。

原則として、共有では、それぞれが現実に支払った額に対応する割合で所有者となる。つまり、それぞれが同じだけ出資していれば、比率は五対五である。しかしこれが、六対四、七対三、八対二のように不均衡なこともありうる。不動産ローンの場合も同様である。それぞれの共有の割合は、返還の割合に応じて決まる。

しかしながら、出資の正確な配分を証書に表すのも、もし都合に合わせてそれを表明しないのもパートナーの選択である。

注意：購入証書に出資の割合を綿密に示すように進める理由の一つは税務署である。というのもパックスカップルに対する税務調査の場合、一人のパートナーが共有の割合に対応する金額を支払っていないように思われると、税務調査官は、購入をパートナー間の偽装贈与と疑う可能性があるからである。たとえパックスが贈与税・相続税を多少減少させるとしても、これらの税金はただからは程遠い（《パックスの終了》参照）。

ちなみにパックスカップルが銀行から貸付を受けるときには、二つの貸付よりは、二人の名義での一つの貸付にすることがむしろ勧められる。なぜなら抵当権担保[*13]が一度しか要求されないからである。いずれにせよ物事をパートナー間で最初から明確にするために、銀行は、それぞれの出資と、返済の義務を定めた、共同借入契約を作成するだろう。最も確実なのは、おのおの返済すべき額を支払うための共同口座[*14]（後を見よ）を開くことである。

住宅貯蓄[※17]（ＰＥＬ）の場合には、パックスカップルは同棲カップルと同様に、結婚している

COLUMN

COLUMN

共有の合意

共有に関する自分たち自身のルールを自ら定めたい場合には、《共有の合意》を作成することをパートナーに勧める。これはパートナー間で結ばれる契約でパックスそのものに似てはいるが全くの任意である。その目的は住居を管理し移転させる方法を明確にすることで、この合意はカップルが共有で所有する他の財産すべてについて定めることもできる。この作成については、共有が不動産の共有（つまり住居）を含むときにのみ公証人の関与が義務づけられている。そしてこの場合、この合意は抵当権保存所[※18]に公示されなければならない。

その法律上、税務上、相続上の帰結は重大である。例えば2人のパートナーが自分の共有分を他方に遺贈することを決めると、相当の相続税を支払わなければならなくなる。しかしながら公証人は、用益権のみを遺贈するなどの、より費用のかからない有利な方法を提案することが出来る（《パックスの終了》を見よ）。ちなみにどちらかに遺留分つき相続権者がいる場合はそれも考慮しなければならない。ここでは専門家の助けが必須である。

合意は、5年後に更新可能にするか無期限に定めることが出来る。前者の場合、どちらも合意の期限が終了するまでは共有を終わらせることは出来ない。無期限の場合は、1人のパートナーがその終了を決めたとき共有を終わらせることが出来る（《パックスの終了》の章の共有の終了参照）。

カップルに比べてやはり不利に扱われることに注意しよう。貯蓄を各パートナーが持っているとしても、二人の貸付を受ける権利を一つの契約にまとめることはできない。従ってそれぞれの共有割合に基づいて計算された、別々の借入契約をそれぞれ結ばなければならない。

不動産民事会社（SCI）の設立

不動産民事会社※19の設立は、同棲・パックスカップルの間での住居取得に関して共有に代わる選択肢の一つである。財を購入する前であっても、カップルは、最長九十九年間までの民事管理会社を（公証人あるいは弁護士の助けで）設立できる。それぞれがこれに参加し、その持分についての所有者であり、問題なく持分を他人に転売することができる。共有の合意のとき同様、どのような地位を自分達のSCIに与えるかを決めるのは自分たち自身である。パートナー達が出資した資本金で、会社は不動産を買うことができるが、その所有者は会社である（会社が商業登録簿に登録されるのはもとよりそのためである）。特に肝心なのは、カップルの一人の死亡後、相続人に対して、生存パートナーが自分の住居としたい不動産の管理を簡単に維持できるようにすることである。それについてはいくつもの方法が存在する。まず、生存パートナーの同意なしに、相続人たちは相互間で自らの持分を転売しあうことができないことを定める承認条項をSCIの規定中に入れることが考えられる。別の可能性は、所有権の分肢*15である。例えば、もし各人が会社の持分の半分の所有者であった場合、虚有権*16（Nue-propriété）と用益権*17を分離し、交換する。こうするとそれぞれが自分の持分の虚有権者であり相手の持分の用益権者となる。死亡の場合には、生存パートナーは完全に保護され住居に止まることが出来る。

それでもなお、SCIは特に管理に関して不便な点がある。会計をつけ、財政報告をし、年に一度総会をひらいたりしなければならないのだ。さらにカップルの解消の際に、共同の住居にとどまりたい方が、離れるパートナーの持分を買い戻すことが出来ない場合には、裁判所にSCI解散を申請しなければならない。

◆財産◆

家具*18 (Meubles meublants)

この語は、テーブル、椅子、テレビ、鏡、絵画、陶器、コンピュータ、冷蔵庫、食器洗い機、洗濯機など共同住居に備わっているものすべてを指す。この言葉は、他の動産（先を見よ）と不動産（マンションや一戸建て）を指す《家具以外の》財産との対比で使用される。

ギャラリーや特別な部屋に置かれた絵画や彫刻、芸術作品のコレクションで、住居の装飾でないものは、家具とは考えられず家具以外の動産*19とみなされる。

パックス法は、家具に関して、半分の共有の推定がなされるという原則を定めている。つまり各パートナーが財産の半分の所有者ということである。こういうわけでパックスの締結後に購入された財産については、請求書の名義が誰であれ、実際に払ったのが誰であれ、これらはパックスの二人のパートナーに属するとみなされることになる。そして解消の場合に、どれが誰のものか、財産の取得がパックスの前なのか後なのかを見定めるのが不可能であると分かれば、均等に配分しなければならない。

しかしながら共有推定は、贈与や相続によって取得された財産には適用されないことを指摘しておきたい。この二つのケースにおいては、財産はそれを受け取った者だけに帰属する。

パックスの作成がここで非常に重要性を持っていることが分かる。パックスの締結前に各人が何を所有しているか、実際にどの財産が共有になるのか、そしてそれはどのような割合か、五対五なのか六対四なのか七対三なのかをそこで明らかにしておく必要がある（《パックスのモデル》参照）。

さらにパックスの契約書において、締結後に取得された家具についてはどのような共有制が適用されるのかを明示しておくことも可能である。この場合、前もって決定された割合を書き留める。しかし、購入時に共有の合意（コラム参照）において定められる他の財産制も可能である。

注意：法律はパックスカップルが家具に適用される財産制を変更することを認めている。それにはパックス契約を変更すれば足りる（《パックス、使用法》の章を見よ）。しかし新しい財産制はその修正が登録された後に取得された財産にしか関わらない。それ以前に取得された財産については、変わらず元のパックスに定められたルールが適用される。

しかし、パックスカップルは共有を完全に拒否する権利も持っている。こうなるとあらゆる購入について、財産は自動的にそれを取得したほうの所有物となり、共同購入の場合は両者に帰属するということになる。これにはもちろん、あらゆる購入についてその所有の証明が必要となる。

他の動産

ここでは有価証券[*20]、車、場合によっては営業権であるとか芸術作品のコレクションが問題となる。家具と違って、他の動産は、住居（不動産）と同じ財産制の下におくことができる。つまりパックス以前の各財産はそれを取得した者に帰属し、パックス以後、カップルによって取得された財産には、購入証書に異なる定めがなければ、半分の共有が推定される。ところで、これらの財産にアプリオリに適用される財産制をパックスの中で決めておくことは出来ない。重要な取得があるたびに、両パートナーは自分達の状況に一番あった財産制を選択しなければならない。つまりどちらかの排他的所有物なのか、それぞれの出資割合に応じた共有なのかをである。

トンチ氏方式（Tontine）とは何か？

パックス（あるいは同棲）カップルによる財産の共同購入の際、《トンチ氏方式契約[※20]》や《増加条項》と呼ばれるものを公正証書に挿入するように頼むことも出来る。これによってパートナーのうちの一人の死後、生存パートナーが遡及的に、つまり実際の財産取得日から、財産を取得していたことにできる。それでこのパートナーは、死亡した方の持分まで買い戻さなくても財産全体の唯一の所有者になれるわけである。その上、遺留分つき相続権者に対しても、唯一の所有者であることを主張できる。

しかし、理論上この方法は魅力的に見えても、実際にはこれはいくつかの重大な欠点を含んでいる。まずカップルの解消は予定されていない。つまり、財産は全体として最後の生存者に帰属するとみなされるから、財産は二人の所有者の間では分割できないのである。従って、《自分の持分》を取り戻したいと考えるパートナーには、他方のパートナーによる買戻しも、分割するための財産の売却も要求する方法はない。重大な争いの場合には、裁判所に訴えるか（これは決して簡単ではない）、トンチ氏方式契約の自然的解消……つまり、パートナーの死亡を待つかしなければならない。

COLUMN

COLUMN

共有の意味するところは……

各々が財産に対して同じ権利を持っているということである。財産の管理や売却に関して他方の正式な同意がなければ何も決めることはできない。しかしながら緊急時、つまり両パートナーの利益になる限りで、急いで決定を行わなければならない場合には、例外が認められている。共有財産の完全性を保護するあるいは擁護するために、所有者の1人が他方の不在中に決定をすることもありうる（緊急の工事、訴訟など）。

またどのパートナーも共有中の財産（家具あるいはその他の動産）を保存する義務を負っているわけではない。実際に民法815条は、どちらかのパートナーが自分の持分を取り戻したいときには、その権利を完全に持つことを定めている。従ってこのパートナーは、常に他方にそれを買い戻すように頼む、あるいはその財産を売って、持分に応じた利益の分配を要求することができる。

共有している両パートナー間で合意が得られない場合は、大審裁判所がその管轄である。

ちなみに税制の上では、トンチ氏方式はパートナー間の贈与と考えられている。つまりそのようなものとして課税されることになる（《パックスの終了》の章を見よ）。その結果、トンチ氏方式での購入を計画する前に、自らの金銭的な状況及び家族的な状況にこの方法が合っているのかを公証人に相談したり、熟慮したりすることが必要である。

◆相互的かつ物質的扶助◆

この扶助はどういう意味か？

ここで（ようやく）、同棲に比べた場合のパックスの大きな進展の一つが登場する。それは同棲者が互いに対していかなる義務も負わないのに対して、パックスパートナーは相互に扶助と救護の義務を負っているということである。このことは最も重要なあることを意味する。つまりパックスを結ぶことで、両パートナーは両者ともに本当に義務を負うということである。単なる利益共同体ではないという（《パックス、その使い方》の章参照）、共同生活に関する憲法院の説明が意味を持ってくるのはここでである。憲法院によれば、パックスは単なる契約ではなく、二人の人の間の誓約（Engagement）である。しかし、結婚とは違ってパックスは貞操義務を課さない。

相互的物質的扶助というのは、特に共通の諸出費の中で具体化する。実際、二人のうち一人が生活費を負担しないときには、他方は補償金を支払わせるように裁判所に要求することが出来る。

憲法院はまた、パートナーの一人が単独で出費を支え、他方がいかなる負担も負わないという条項をパックスが含む場合、この条項は、パックス法に反するから、無効なものとみなされるということを強調している。

どのようにとりかかるか？

このパックスカップルのメンバー間の義務的扶助の方法について、法律などはそれ以上何も述べていないので、それをどのように理解するかを決定するのは各パートナーである。パックスを作成するときに日常生活のあらゆる状況を列挙して公平に負担を配分するのも可能である（《パックスのモデル》を参照）。しかしカップルの中に多少の柔軟性を残すための一番良い方法は、あまり詳細に決めすぎないことである。というのも義務が詳細になればなるほど（買い物をするのは誰で、電気代を払うのは誰……）、金銭上の揉め事が起きやすくなるからである。生活費と家賃を決済するのに使う共同口座（後を見よ）を開設して、定期的に入金するのが好ましいであろう。

経済的連帯

ここでもまた、パックス法は、パックスカップルを結婚しているカップルに近づけている。というのもカップルのどちらかが単独で日常生活と共同住居に関する債務を負った場合、その債権者は、二人のパートナーに同じように返済を求めることが出来るからである。このことについて強調しなければならない第一の点は、夫婦と同様に、パックスパートナーは、相手の同意なしに、家計の出費をすることができるということである。そして、あらゆる場合において、パートナーは二人ともそれに関して責任を負うことになる。

住居の債務

ここでは、物事は（相対的に）明確である。住居の債務には住居の保守と維持、つまり家賃、借家人負担、管理費、そして工事費が含まれる。あとは共同住居を買うための不動産貸付の返済の問題を解決するだけである。パックス法は、ここでもまたこれを住居に関する債務としてみなすかどうかについて触れていない。結婚しているカップルの場合とは違って含まれるとみなしているようにも見える。結婚カップルについては、夫婦間の連帯は生活費と子の教育費だけにかかわり（従って住居は入らない）、民法も、《分割払いによる額の大きい購入》に関する債務について夫婦は連帯しないことを明らかにしている。パックス法はこの点について何も述べていないので、司法の判断を待たなければならないだろう。

《日常生活の必要》

この表現は多少なりとも額が大きく、定期的なものを指しているようである（水、電話、電気、暖房、食費、税金……）。従って膨大な一時的な出費は除外されるだろう。しかし、それでは車の購入は？　高額な旅行は？　消費者金融は？　これの評価は、家計の状況と生活習慣によるであろう。ここでもまた、裁判所に争いが持ち込まれなければ、どの場合に膨大な出費が日常生活と結びついているとみなされるのかという問題を決着することできないだろう。出費が日常生活と結びついていると裁判官が判断すれば、二人のパートナーは連帯して債務を負うことになり、そうでなければもともと債務を負ったパートナーのみに責任があることになる。

他の債務

パックスのパートナーのどちらか一方が負った、共同生活にも共同住居にも関係のない債務（例えば、仕事で負った債務）について、もう一人のパートナーは債務を負わない。従って債権者はその債務者の固有の財産しか差し押さえることが出来ない。

同様に、パートナーの一方によってパックスの締結前に負われた債務はすべて、締結後もこのパートナーのみが責任を負う。従ってその債務者のパートナーに返済を要求することは出来ない。

COLUMN
COLUMN

共有中の財産はどうなる？

すでにのべたように、各パートナーに固有の債務については、債権者は、債務者が固有に所有する財産についてしか働きかけられない。こういうわけで共有の財産全体はおろか、債務者が保有する共有の持分についてさえ、以下の例外を除いて差し押さえは出来ない。それは債権者が不動産の共有持分に抵当権を設定したときである。その不動産が売られた場合は、債権者はその金銭の全部または一部を取り戻せる。しかし債務者が死亡しその共有持分がそのパートナーに帰属する場合には、抵当権はもはや効果がない。

共有で保持されているその他の財産については、債権者は裁判所に訴え、返済を受けられようにその財産の売却を求めるか、財産が売却されるのを待って債務者に対して自らの権利を行使しなければならないだろう。

銀行口座

各パートナーが自分の名義で銀行に口座を持っているとしても、日常生活や共同住居に関する債務の場合、どちらか一方が負った債務であっても銀行の口座が差し押さえられることもある。いずれにせよ、家計と結びつかない出費のためだけであっても、それぞれに別々に口座をもつのが好ましい。そうすれば、それぞれが他方から独立した金銭的な自由を保持できる。

共同の出費に関しては、可能であれば、第三の口座を開いて、これに各自が定期的にある額を払い込むようにパックスで互いに義務を負うようにしてもよい。理想的なのは、（二人の名前が《あるいは》で仕切られている）共同の口座である。これがあれば生活に必要なすべての銀行取引をパートナーの立会いや同意なく行うことが出来る。別のメリットは、どちらかの死亡の場合にもこの口座は凍結されず（相続人の申し立てがある場合を除く。《パックスの終了》の章を見よ）、生存パートナーは死亡の日にあった金額の半分を使い続けられるということである。

◆社会保障◆

もう一人のパートナーの《受給権者》になれる

これはおそらくパックスの実施のときに最もよくきいたメリットの一つであろう。自らは疾病保険に入っていない者が、そのパートナーの保障を、しかもパックスの締結後すぐに、享受することができる。社会保障の業界用語で言えば、そのパートナーは《受給権者》になったのである。病気になった時は、治療代と薬代の払い戻しを受けられる。しかし注意しなければならない。休業補償手当は受け取れない。

保障は出産の場合も同様である。

この場合は、同棲者にも可能性がある。しかし権利があるといえるためには、少なくとも十二カ月間の共同生活を経ていなければならない。

すべてのケースにおいて、受給権者であるパートナーは、そのパックスパートナーの実効的、全体的かつ永続的な扶養のもとにあることを毎年証明しなければいけない。そのためには疾病保険金庫[※21]で二人そろって宣誓申告書に署名すればいい。

別離あるいは社会保険に加入しているパートナーの死亡の場合、受給権者は別離あるいは死亡の日から四年間は社会保障によって庇護される。この保護は受給権者が三人以上の子を養っている、あるいは養っていたことがあれば無期限である。しかしながらこの間、自分自身で保険に入ることができるか、別の人の受給権者になれば、その元パートナーの庇護は終わる。

補足的な保険（《共済組合》と呼ばれるもの）に入っていない場合、受給権者はパートナーの保険から利益を受けることができる。これには加入している方のパートナーが、自分の入っている組織で受給権者の名前を契約に登録するように頼めばよい。

もし子があったら

嫡出子であれ、自然子であれ（認知の有無に関係なく）、養子であれ、引き取られた子であれ、戦災孤児であれ後見下にある孤児であれ、十六歳未満で、カップルに養われていれば、子が自動的に受給権者であるのはもちろんである。見習い中の十八未満の子、学業を続けている二十歳未満の子についても同様である（病気による中断がある場合は延長もありうる）。さらに何歳であれ、身体障害や慢性疾患のためにどんな職業にも従事しえない状況にある場合には、受給権者にとどまることができる。さらにこれらの成人の子は《自律受給権者》になる、つまり自身の名義で支払い受けることもできる。社会保障機関でその申請をすればよい。

家族手当金庫から支払われる給付に関しては、家族支援手当と単親手当（後のほうを見よ）を除けば、カップルに養っている子があるかないかのみによるのであって、カップルの形態には関係しない。従って、パートナーがパックスを結んでいようと同棲していようと、結婚していようと、一人あるいはそれ以上の子がある以上、そしてパートナーがそれぞれ条件を満たしていれば、以下のような手当てのうち一つあるいは複数の給付を受けることが出来る。それらは家族手当、乳幼児手当、補足家族手当、養育親手当、新学年手当、特別育成手当である。※22

カップルの収入

これはメダルの裏側である。いくつかの社会保障給付や連帯給付は受給者の所得を考慮して支給されるが、受給者がパックスを結んでいる場合には、考慮に入れられるのは、もはや自身の所得だけではなくカップルのそれである。だからパックスの締結は、いくつかの給付の引き下げ（時には引き上げ）を、あるいは純然たる見直しを引き起こすことがある。

COLUMN

子について知らなければいけないこと

第１章の最初で述べたように、パックス法は（法律上の）親子関係については全く何も変更しない。つまりパックスカップルの子は同棲カップルの子と同じに見られる。つまり、結婚しているカップルの子が嫡出子であるのに対して、パックスカップルの子は自然子である。そういうわけで子の誕生の直前、あるいは後に、民事身分課に行き、子の父が誰で母が誰であるかと生まれてくる子の名前を届けなければならない。この子の親子関係が確立するのはこの手続を経たのちである。

共同で養子縁組をする可能性は、異性愛であれ同性愛であれパックスカップルには今のところ存在しない。養子縁組は結婚しているカップルと、28歳以上で、養子との年齢差が15歳以上の個人（パックスの有無に関係なく）にしか認められていない。

人工生殖については、カップルの形態に拘わらず、異性愛カップルしかアクセスできない。しかしながら、人工生殖を望む異性愛カップルが同棲者やパックス締結者の場合、人工生殖を要求するためには２年間の共同生活の期間条件を満たさなければならない。結婚している場合には、結婚の期間の条件はない。にもかかわらず、医学的な条件がある。両親となるカップルが不妊であること、あるいは子への特に重大な病気の遺伝のおそれがあることである。さらに両親となるカップルが２人とも生きていて、生殖年齢に達していなければならない。

関係する給付[※23]は、

—最低生活費：（家族手当金庫から支払われる）雇用促進最低収入、（商工業雇用協会によって支払われる）特別連帯手当、社会参入手当

—家族手当金庫あるいは障害者職業指導社会復帰専門委員会が支払う成人障害者手当

—成人障害者手当の受給資格者に県の社会援助サービスが支払う補償手当

—家族手当金庫が支払ういくつかの給付：社会住宅手当、家族住宅手当、乳幼児手当

パックスのその他の帰結

完全に一人で暮らしている人に留保された給付もある。ところがパックスを締結することはそのカップルでの生活を公式にすることになるから、自動的にいくつものタイプの手当の打ち切りを引き起こす。

—家族手当金庫から、孤児の養育を単独で引き受けている父あるいは母に支払われる家族支援手当

—家族手当金庫から、子の養育を一人で引き受けている人、または妊娠している単身の女性で妊娠を届け出、義務的出生前検査を受けた人で、独身あるいは離婚した人、配偶者を亡くした人、配偶者に放棄された人に支払われる単親手当

―社会保障機関から、夭折した被保険者の配偶者に、年齢と子ども数の条件を満たしていれば支払われる生存配偶者手当

これらの手当は、パックスの場合だけでなく、より広く《夫婦生活の状況》にあるときには、つまり同棲の場合でも、中止される。

社会保障機関から死亡した退職者の配偶者に支払われる切り替え年金に関しては、パックスを結んでいても、パートナーの死亡の場合に切り替え年金を受給することはできない（さらに生存配偶者手当も同じである）。この観点からすると、パックス法は、結婚していないカップルの状況を全く改善していない。これら二つの給付は排他的に結婚しているカップルに留保されている。ところが、死亡した配偶者の切り替え年金を受ける生存配偶者は、切り替え年金の権利を失わずに、新しいパートナーとパックスを結ぶことが出来る。つまり結婚しない限り、給付を受け続けられるのである。

最後に、共同生活の破棄による離婚で、元配偶者に扶養手当を支払う人は、元配偶者がパックスを結んだ日からその支払いをやめることができる。

このように、社会保障に関してはパックスの効果は数多く、そしてときには良いものであり時には悪いものである。

COLUMN

死亡一時金

これは社会保障金庫によって、働いていた被保険者の早すぎる死亡の際に家族収入の減失を補うために支払われる一時金である。この一時金は、死亡時に被保険者の実効的、全体的、永続的な扶養にあった人に優先的に支払われる。何人も被扶養者がいる場合、優先される順序は以下のようになっている。まず別居していない配偶者あるいはパックスのパートナー、いなければ卑属そして卑属もいない場合には尊属である。

◆フランス国籍の取得◆

結婚によって提供される可能性とは反対に、パックス法は、フランス人になりたい人に課されるルールについては何も変更しない。パックスを結んでいようがいまいが、帰化申請をするためには、少なくとも五年フランスに住んでいなければならない。そしてパックスを結んだという事実は、国籍の変更を承認する当局の判断に決定的な影響を与えるものではない。

反対に、外国人のフランス滞在許可については、パックスを結んでいるという事実は《フランスでの個人的な関係を評価するための一要素をなす》。しかしながら内務省通達は、フランス人とパックスを結んだ外国人は、パックスが結ばれた日付がいつであろうと、三年の共同生活を経ていなければば、有効期間一年の最初の一時滞在許可証※24を取得する権利がないことを明らかにしている。パートナーは同時に労働許可も取得できる。

同様のルールは、パックスが外国人とEU出身者の間で結ばれたときに適用される。二人のEU出身者の間で与えられるのは、五年間有効のヨーロッパ経済共同体加盟国出身者用の非就業滞在許可である。

滞在許可の更新に関しては、パートナーは三カ月以内のパックス証明と《フランス領土内での共同生活の継続性を証明する証拠書類》を提出しなければならない。

滞在許可証が更新されなければ、十年以上の正当な正規滞在か、十五年以上の非正規滞在の場合を除いては、パックスを結んでいることは国外退去および追放措置を退ける理由にならない。

◆労働◆

有給休暇

結婚しているカップル同様、パックスパートナーは、ともに年次有給休暇を申請することが出来る。しかし、要求することは出来ない。というのも、労働協約、家族状況そして従業員代表の意見をふまえて、バカンスへの出発の順序を決めるのは使用者だからである。全員を満足させることがいつも可能なわけではない。結果として、ある従業員がそのパートナーと一緒に出発できなかったとしても、それを甘受しなければならず、そうしなければ重大な過失があったとして解雇されうる。

さらに自分のパックスパートナーと同じ会社で働いているときには、同じ日に休暇をとる権利がある（義務ではない）。この場合、使用者はこれを拒むことは出来ない。

家庭の事情

ここでも、パックスは同棲に比べていくつかのメリットを与えているが、パックスカップルの状況は、結婚しているカップルの状況に比べて有利ではない。例えば、夫婦は結婚したときには四日間の休暇の権利があるが、パックスの締結はパートナーに休暇の権利を与えるものではない。

さらに子の誕生時にはパックスパートナーにも三日の休暇の権利がある。しかし法律はパートナーのうち一人による養子縁組（パックスのカップルは共同で養子縁組は出来ない）が、他方のパートナーにも三日間の休みを与えるのかどうかは明らかにしていない。これまでのところ、この問題はまだ取り組まれていないのである。

結婚しているカップルと同じように、生存パートナーは、そのパートナーの死亡時には二日間の休暇の権利がある。

公務員だったら

病院勤務公務員、国土防衛公務員、国家公務員の場合、自分のパートナーと、勤務地を近づけるためにパックスの締結を利用することが出来る。別言すれば、もしパートナーと離れていた場合には、一方でパートナーに近づくために自分の配置転換を優先的に申請する権利があり、他方で優先的な在籍出向や待命の権利がある。このことは帰属している公共団体が、自分のパートナーに地理的により近いポストを提供できないときには、これを提供できる別の省に在籍出向することを申請できるということである。そしてそれもできないときには、自分のポストを明け渡し、目指している地区でのポストを待つことができる。

この点について問われた憲法院は、法律は、それがパックスカップルに課す義務——特に共同生活の義務——を同棲者には課していないから、この優先権は同棲者にはないことを強調している。

企業主のパートナー

自由業、商業、手工業の企業主とパックスを結んだ人は、以降は結婚した配偶者と同じ権利を持つ。自由業、商業、手工業の制度では、その配偶者の権限の下、職業上のあるいは習慣的な肩書きで、少なくとも最低賃金と同等の時間給で家族企業の活動に実際に参加する同棲者は、給与、有給休暇、そして社会保障（疾病、出産、廃疾、老齢、死亡に対する給付）に関して権利を持っている。そして、この企業主の配偶者の地位はパックスパートナーにも拡大される。

◆パックスカップルの税制上の地位◆

所得に対する課税

法律は、カップルが純粋に税制上の利益のためにパックスを結ぶことを拒否している。実際、パックスパートナーが一定の期間を経ることでその契約の誠実さを証明すれば、結婚しているカップルと同じ権利を彼らに与えている。こういうわけで所得に対する共同課税を利用するためには、まずはパックスを結び、それから三年間一緒に暮らさなければならない。共同課税は、パックスの書記課への登録から三年後にあたる年次の所得申告からしか認められないからである。

例：パックスが二〇〇一年に登録されたとすると、パートナーは二〇〇四年の収入について共同で課税され、これは二〇〇五年に申告され支払われる。

結婚しているカップルの方は、結婚の日から共同課税の対象である。だから最初の三年間は、各パートナーがそれぞれの所得申告の手続きをとらなければならない。三周年目の所得を共同で申告するときには、二人の構成員は税務署に何も記入していない用紙を申請し、そこに《あるいは》で隔てた二人の名前と共同の住所を記入しなければならない。共同課税は選択的なものではなく、パックスから三年を経ると義務になる。税務署は、パックスパートナーの名前を知るために裁判所書記課に直接問い合わせることの出来る行政機関のひとつである。

注意：一九九九年十二月の税務通達は、住民税についての課税は所得税と同じ準則に従うことを明らかにしている。つまりパックス三年後からの共同課税と、この時点からの税の支払いについてのパートナーの連帯である。

不動産税については、カップルの形態ではなく、住居所有の名義が問題になる。ここではパックスは何の変更ももたらさない。

連帯富裕税

パックスの登録後直ちに、両パートナーのすべての財産に連帯富裕税[※25]が共同で課税される。

COLUMN

共同課税は時々得である

共同課税の対象となったときから、同棲者のようにそれぞれが家族係数[※26]の除数1を享受する代わりに、パックスパートナーはともに結婚しているカップルのように除数2を享受する。この定式は、パートナー間の所得が不均衡であった場合、2人のうち1人が単独、またはほとんど単独で家計の必要を満たしている場合に得である。つまりこのパートナーは追加的な除数の権利を持つことになり、これが単身者として負っていた税金の重みを少し軽減するのである。しかし2人のパートナーがほとんど同じ所得の場合、共同課税の前後であまり大きな差はない。

パートナーは二人でその税を支払わなければならない。

だからこの点を取ってみると、同棲の方がずっと得である。

同棲カップルに連帯富裕税で共同で課税するためには、税務署はその共同生活を証明しなければならないが、パックスは共同生活の最も良い証拠である。

" パックスの終了 "
La fin du Pacs

カップルの自発的な別離
パートナーの一人が後見におかれたとき
別離後の財産分割
死亡
どのように相続を組織するか？
共有財産の分割
自分のパートナーを守る

結婚と同じようにパックスは二つの理由で解消されうる。パートナーの別離あるいはどちらかの死亡である。

別離に関しては、むしろ制度を簡便化して立法者ははっきりと離婚手続と一線を画そうとしているが、それは、パックスが捨てられたパートナーに時にはひどく不利に作用しうるほどである。

死亡に関しては、同棲者同様、両パートナーが残されたパートナーを守るためにお互いにいくつかの手はずを整えておかなければならない。

◆カップルの自発的な別離◆

結婚する

（もし異性愛者ならば）パートナー同士が結婚する、あるいは、どちらか一方がだれか別の人と結婚すると、パックスは直ちに解消される。実際、憲法院は、結婚の自由が尊重されるべき憲法上の要請であることを想起させた。言い換えると、ある人が結婚したいと思ったとき、挙式が遅れることはありえないということである。

従ってパックスパートナー同士が結婚することを決めた場合は、彼らは自分のパックスについて特別な手続を何もしなくてよい。自分達の選んだ市役所でただ結婚式を挙げるだけである。

それからパックスを登録した小審裁判所書記課に結婚証書の謄本と結婚が記載された出生証書の謄本を送付する。これらはそれぞれの出生地の小審裁判所（外国生まれの場合はパリ大審裁判所）に転送される。ここで今度はその登録簿の余白にパックスの終了が登録される。

二人のパートナーのうちどちらか一人だけが第三者と結婚することを決めたときもまた、このパートナーは結婚式から手続きを始めることになる。しかし結婚証書を裁判所書記課に送る前に、そのパックスのパートナーへ、裁判所の執行吏を介して、結婚によってパックスを破棄したことを送達しなければならない。執行吏はこの送達に結婚証書の謄本を添えてパートナーへ通知する。そして、配達証明付書留で、パックスが登録されている小審裁判所書記課に、結婚したパートナーの結婚証書と結婚が記載された出生証書の謄本を送付するのも執行吏である。さらに書記課は他の裁判所（前の方を見よ）がパックス終了の記載事項を登録できるようにそれらを転送する。

注意：両方のケースについて、パックスは結婚の日に解消されたものとみなされる。

別離の合意があるとき

パックスパートナーの結婚による終了と同じく、共通の合意によるパックスの破棄は非常に簡単である。二人の構成員は、パックス終了の共同届出（モデル参照）を作成すればよい。両パートナーそろってこれに署名し、すでに別居している場合には、パートナーのうちのどちらかが住んでいるところの小審裁判所へ提出する。

最初にパックスを登録した裁判所の地理的管轄地域にカップルが事実上もう住んでいない場合、そこに出向くのは義務ではない。パックス終了の共同届出をまとめる書記はその保存を引き受け、この書記が最初の小審裁判所書記課に、パックスの届出が記録されている登録簿の余白にその終了を記録するように知らせるからである。手続は以上である。終了がこの登録簿に記載された日からパックスは解消されたものとみなされる。

それからこの記載事項は、カップルの出生地の小審裁判所書記課に転送され、今度はここで終了が登録される（前の方を見よ）。

パックス終了の共同届出のモデル

下記署名人
……在住のムッシュ（マダム）……
および
……在住のムッシュ（マダム）……は、
民法五一七–七条第一項に従い、……（日付）に署名され……の小審裁判所書記課に……（日付）登録されている私達のパックスを終了することを宣誓する。

場所
日付
サイン

どちらか一方がパックスの破棄を決めたとき

離婚は、痛々しい揉め事を頻繁に引き起こす。このような事態をできるだけ避けるため、立法者はパックスに関しては意図的に全く斬新な立場を採用している。パックスは無期限の契約であるという原則から出発すれば、同種の他の契約と同様に、当事者のどちらかによっていつでも解消できなければならない。従って、もはやこの契約に参加していたくない者は《放棄する》権利を持たなければならないし、その上、その放棄に何らかの理由を援用することすら必要とされない。

別の重要な点は、いくつかの離婚のタイプのように、相手方の非難すべき過失（faute）が必ずしも必要とされないということである。二人のパートナーが別離について合意に至らないからといって、別れるのに十分な理由を求めて紛争原因を必ず見つけなければいけないわけではない。

こういうわけでパートナーの一人によるパックスの一方的な解消が可能なのであるが、二つの条件がある。それは、他の無期限契約の場合と同じように、まず相手方がそれについて公式に通知を受けていること、そして三カ月の予告期間が守られていることである。

パートナーの一人がそのパックスを一方的に破棄することを決めたとき、以下のような手続を満たさなければならない。このパートナーが執行吏のもとへ行く。そして執行吏は、相手がパックスを破棄したがっているという公式の送達をもう一人のパートナーに行う。それから執行吏は、この送達のコピーを配達証明付書留でパックスを登録している小審裁判所書記課へ送付する。書記は最初の届出が登録されている登録簿の余白にパックスの終了の記載を登録する。それからこの書記はこの通知を各パートナーの出生地の小審裁判所（外国生まれのときはパリ大審裁判所）に転送し、ここでまたその転送先の登録簿に終了が転記される。

これらの手続が完全に満たされれば、捨てられたパートナーが執行吏から送達を受けた日付から三カ月後に、パックスは解消したものとみなされる。

破棄が不当なとき

パートナーの別離は、どちらかのあるいは両方の過失行為によっても生じる。実際、パックスが過失を主張する必要なく解消されうるからといって、過失がないとは限らない。法律はそもそもこの仮定を排除していない。確かに法律は、パートナーがパックスを破棄する理由を明らかにするよう義務付けてはいないが、それを禁じてもいないのである。

COLUMN

COLUMN

どんな過失？

問題は、破棄のイニシアティヴをとったパートナーによってどんな過失が犯されたのかである。以下の二つの理由は退けられなければならない。まず、単に再び自由を望んだという事実——パックスは契約であるから、破棄する自由の行使は過失とはみなされえない。次にパックス法はパートナー間の貞操義務を課していないから、不貞行為も損害の原因とは認められない。

パックスカップルの別離と類似する可能性のある、同棲カップルの別離に関して存在する判例を考慮すると、大きく分けて二つのタイプの過失が考えられる。

—破棄を決めたパートナーによって、破棄の過程を通じて行われた過失。例えば、共同口座の預金、動産、高価な品……などを持って突然出て行く。またはより重大な場合には、子を連れて出て行く。また、一方的な破棄は3カ月の予告期間を経てからしか発効しないのに（前の方参照）、日常生活費及び住居費の支払いを突然やめてしまった場合にも、過失を犯したことになりうる。

—結合の解消後のパートナーのおかれる状況。例えば、捨てられたパートナーが相手についていくために仕事をやめていて、固有の収入がなく貧しかったとき。

同様に捨てられたパートナーが、破棄が自分にとって不当なものであり、自分が損害を受けたと考えれば、提訴して賠償請求することも出来る。

注意：憲法院も、パックス契約は不当破棄についての賠償請求をパートナーに禁じる条項を含んではならないことを明らかにしている。もしこのような条項を含む場合には、この条項は書かれていないものとみなされる。

こうして損害を受けたと思うパートナーは、訴える権利があり、本当に損害があったかどうかを決めるのは司法裁判官である。もし損害があれば、賠償が行われるが、両パートナーはそもそも結婚していないのだから、補償給付も扶養手当ももちろん問題にはならない（子があった場合を除く）。被害者と思われる方に対する補償で、裁判官が命じることが出来るのは損害賠償の支払いのみである。

◆パートナーの一人が後見におかれとき◆

後見を受けている状態にある人がパックスを結ぶことは出来ないが、逆にパックスを誰かとすでに結んでいる人に対して裁判官が後見を宣言することはありうる。この場合、能力のあるパートナーにはいくつかの選択がある。

後見下にあるそのパートナーとパックスを結んだままでいる

法律はこれを禁じていない（民法五〇六－一条）。能力のあるパートナーはそうする権利を完全に持っているが、裁判官に申請したとしても、結婚している配偶者とは違って、後見人に自分が任命されることは出来ない。だからパートナーは、共同生活の管理を続けるために必要な許可を定期的に後見人に求めなければならない。

パックスを破棄する

ここでも法律は、後見下にある人のパートナーにそれを認めている（いずれにせよ、すべてのパックスが理由を挙げることなく一方的に破棄されうる以上、これは可能である）。この場合、破棄の意志を送達する相手は後見下にあるパートナーではなく、その後見人であるということを除けば、すでに述べたような一方的破棄の場合に定められているのと同じ手続を満たせばよい。こういうわけで執行吏の送達を受け、パックスが、このケースで要求される三カ月の予告期間ののちに解消されることを知るのはこの後見人である。

後見人も一方的にパックスを破棄することを決めることが出来るということに注意してほしい。しかしこの場合には、家族会あるいは後見裁判官の許可を得なければならない。

そうするとあとの手続は逆ではあるが同一である。能力のあるパートナーに執行吏を介して送達するのは後見人である。執行吏はパックスが登録されている小審裁判所書記課にこの送達を送付し、このパックスは三カ月後に終了する。

これに対して能力者であるパートナーの側は、別離への異議申し立て、不当破棄の訴え、損害賠償請求をする権利を持つ。

破棄の決定は共同のときもある

後見下にある成人とパックスを結んでいるパートナーと、その後見人が（家族会、ない場合は後見裁判官の許可を常に得て）、パックスを共同の合意で終了させることもできる。この場合執行吏の介在は必要ない。二人でパックス終了の共同届出を作成し署名し（前出のモデルを見よ）、二人のパートナー間の共通の合意のある破棄と同様に進めればよい。

◆別離後の財産分割◆

パートナーが引き受けなければいけない

夫婦財産制に応じて裁判官が財産を配分してくれる離婚の手続と違い、パックスに関しては財産の分割を引き受けなければいけないのはパートナー達自身である。

先行する章で幾度も繰り返したように、別れるパートナーの間での財産分配は、パックス契約がこの問題に取り組み、誰が何を持っていくかをできるだけ詳細に示していればいるだけ簡単になる。だから最初の契約時に、パートナー達が破棄の可能性を絶対に予定しておかなければならないということを強調する必要があるのだ。上手くいかなくなったときには、どちらの所有かについての争いは、すでに痛々しい状況をさらに悪化させるからだ。

動産

もしパックス契約が、契約時にそれぞれに固有に帰属するもの、後に共同で購入したものに適用される財産制を明らかにしていれば、事は簡単である。これらの指示及び家具以外の動産の購入時に作成されたさまざまな取得証書に定められた指示にただ従えばよい（《パックス中の日常生活》の章参照）。さらにパートナー達が合意の上で別れる場合、問題は起こりようがないであろう。

注意：取り分の設定を選ぶときは、分割は、取り分が（明らかに）同じ価値を持たなければ、公平なものとはみなされない。しかしいくつかの取り分についてこれが可能でないとき、不均等な取り分と本来の公平な取り分との価値の差が四分の一を上回ってはならない。そうしないと分割は損害を受けた者によって取り消されうる。もしこの最大の差も可能でない場合、より多く受け取る者が、金銭を支払って補償することもできる（精算金）[*21]。

パックス契約が家財の問題について全く定めていない場合、動産は均分に分割されるか、同一の価値の取り分に分割されて配分されなければならない。

合意にいたらないパートナー達については、パックス法は、決着をつけるために裁判所に提訴できることを定めている。契約に関する争いを決着するのは大審裁判所であるから、今度はこちらの方へ出向かなければならない。弁護士が必要である。裁判官は、パートナーが失敗したのと全く同じことをしようとするだろう。パックスと取得証書の指示に従い、それがなければ、財産の均等分割、取り分の設定である。この場合、財産を評価し、取り分を設定するために公証人が選任され、この分け前は、裁判所に認可され、場合によってはパートナー間の相談で分配されるかくじ引きで決められる。

このように裁判所に訴えると、分割の問題はずっと複雑になり、とくに時間のかかる展開になりそうである。

賃貸住宅

日常生活の章で見たように、賃貸借の単独名義人であるパートナーの一人がパックスを破棄し借りている住居を離れてしまった場合、捨てられたパートナーは賃貸借期間の終了まではそこに住み続ける権利を持つ。パックス法は、この場合、賃貸借契約は残ったパートナーとの間で変更なく続かなければならない事を定めている。

しかしながら家賃は支払われねばならない。ところでパックスが破棄されない限り、二人のパートナーは連帯して住居に関する債務を負っている。合意のある破棄であれば、出て行くパートナーは、自分の義務からすばやく解放されることになる。小審裁判所登録簿の余白にパックスの終了の記載が登録されてからパートナーが出て行く場合、このパートナーは日常生活費及び住居費に関して連帯せず、この住居に残るパートナーが単独で住居に伴う将来の債務を引き受けなければならない。

一方的な破棄の場合は、物事はより遅くなる。というのも、出て行くパートナーだけがパックスの破棄を望んでいる場合は、パックスの実際の解消は、このパートナーがパックスを破棄したことを執行吏がもう一方に送達してから三カ月を経ないと生じないからである。つまりこの三カ月の間、住居を離れたパートナーはまだ住居費と生活費について連帯債務を負っているということである。従って、他で別の賃貸借契約を結んだとしても、家賃や諸請求など、昔の家計に三カ月間は協力しなければならないのだ。この予告期間の終わりに、パックスは実際に破棄され、相互的物質的扶助義務と連帯債務も終了する。

共有財産

共有で保持されている財産は、賃貸で賃料による収入を分割しているか、その種類ごとに複数持っている場合を除くと、現物での分割が難しい（住居、車など）。この場合も、取り分の設定と補償、交換や売却は全く禁止されていない。

しかし、共有財産の分割の最も多くは、相手の持分の買い戻しか、純然たる売却によって、共有の持分と同じ割合で金銭を分割できるようにして行われる。しつこいようだが、最も良いのは、前もって、つまり共有の設定時に、共有終了時のことを決めておくことである。これによって、後で裁判所に訴えずとも相談で解決ができるようになる。

すべて上手くいったとしても、カップルは自分達の不動産（一戸建てやマンション）あるいは営業権に関しては、共有を終了させるために公証人のところへ出向かなければならないことに注意してほしい。というのもあらゆる不動産の移転は、抵当権保存所への登記を要するからである。

注意：パートナーの一人に、パックスカップルの住居や日常生活と関係のない債務があり、債権者が共有の不動産の一つあるいは複数に抵当権を設定していたとしても、これらの不動産が売られた場合に、債権者は、売却によって得られる金額の全体についてではなく、債務者の持分についてだけしか返済を受けることが出来ない。言い方を変えると、相手の債務について連帯債務を負わないパートナーは自分に帰属する持分をすべて受け取ることができるのである。

ちなみに、カップルが共有している住居の売却を決めたとき、パートナーの一人は購入者が見つかるまでそこに住む権利を持つ。同様に住居が賃貸されることになったときも、共有パートナーの一人は自ら賃借人の候補となることが出来る。しかしどちらのケースでも、もう一人

COLUMN

競売

共有財産の分割に関する争いももちろん大審裁判所の管轄である。従ってここでも弁護士の存在は不可欠である。

2分割する方法がないときには、裁判所自身、あるいは公証人による競売を判事が決めることもある。共有財産の分割のために裁判所に訴えることにしたパートナー達は、みずから競売にかけることを申請することも出来る。この場合、売却される各財について、パートナー達が付け値を示さなければならない。

の共有者に補償をしなければならない。なぜなら、もし住居が第三者に賃貸されていたら、この第三者は《本当の》家賃を払うであろうからである。とどまるパートナーが出て行くほうに支払うべき占有に対する補償額を決めるためには、不動産業者か公証人の助けを借りて住居の賃貸借価値を評価する必要がある。

税務署の持分

税務署に関しては、幸い、別離の際の財産の分割は贈与とはみなされない。従って払うべき贈与税もない(後のほう参照)。しかし、別離の前に各々が保持していた共有持分に従って財産が分割されたことを税務署に知らせなければならない。というのも税務署は、諸経費を除いて、分割された財産全体の一パーセントの税を天引きするからである。

しかしながら、より大きな取り分を受けた側が他方に精算金を払ったときは、その合計金額は有償譲渡税の税率で課税される。つまり、不動産税、市町村税、地方税、認定料など住居を購入する際に支払わなければならないさまざまな税金のことである。合計すると五パーセントくらいになる。

注意：パックスが終了するとき共同課税も終了する。しかし、結婚あるいは離婚の日の前後に共同で、それから別々に収入を申告しなければならない（合計三回）結婚カップルとは違って、別離するパックスカップルについては、パックスが公式に終了する年度の最初から収入が分離される。こういうわけでパックスの終了は何の影響もない。

例えば、パックスが二〇〇一年十一月十五日に終了したとすると、二〇〇二年二月の所得申告の際に、その元パートナーらはもはや何も共同で提出するものはない。それぞれが、二〇〇一年度の個人所得を申告する用紙を一部提出すればよい。

◆死亡◆

誰に死亡を届け出るのか？

故人に関係するあらゆる組織に死亡をしらせなければならない。つまり、

―パックスを登録した小審裁判所書記課

―公証人

COLUMN

事故の場合

同棲状態で生活していた相手を事故でなくした人すべてに、カップルが結婚していた場合同様の損害賠償請求権が、かなり前から認められている。しかし、結婚の有無にかかわらない取り扱いの平等は、長い間同性の同棲者には拒否され続けてきた。ところで、破毀院はこの２分法を1995年に廃止している。この点については、パックス法は何も言い足してはいない。つまり１人のパートナーが事故で死んだとき、もう１人の方は、パックスを結んでいようがいまいが、同性愛者であろうが異性愛者であろうが、損害賠償を主張できるということである。

—税務署
—社会保障
—家族手当金庫
—借家人の場合は、住居の所有者
—銀行：故人の個人口座、共同口座、貸付、生命保険、死亡保険、他の貯蓄商品
—保険会社（民事責任、自動車保険）

届出には、死亡証書の原本と相違ないことが証明されたコピーを送るだけでよい。一番良いのは、配達証明付書留でそれを行うことである。

パックスの終了

死亡証書が作成されると、生存パートナー（あるいは全く別の人）は、パックスが登

録された小審裁判所書記課へその謄本を提出あるいは配達証明付書留で送付しなければならない。この書類の受け取り後、書記官はその登録簿の余白にパックスの解消を記載し、各パートナーの出生地の小審裁判所（外国人の場合はパリ大審裁判所）にも同じことをするように要求する。

パックスは、死亡日に終了したものとみなされる。

しかしながら、パックスの終了にもかかわらず、住居が故人名義の賃貸の場合、生存パートナーは自分の名義への賃貸借を移転する権利を持つことを指摘しておく（《パックス中の日常生活》の章参照）。

相続の届出

生存パートナーあるいは故人の家族が公証人の援助を望めば、相続の届出をするのは公証人であり、この様に公証人に頼むケースが最も一般的である。というのも相続に不動産が含まれるとき、故人が遺言や贈与をしているときには、相続の手はずをととのえるために公証人の関与が義務付けられているからである。

相続人の誰かに依頼されて別の公証人が複数介入することもできる。これらの公証人は相互に協議し、相続を担当する公証人と連絡を取らなければならない。この場合、料金の増加はない。料金は公証人間で分割され、原則として追加料金は発生しない（特別な費用、例えば相談料や出張費などがある場合を除く）。

公証人の関与が義務ではない場合、生存パートナーと相続人は自分たち自身で税務署からもらえる用紙を使って手続をすることが出来る。この届出は、死亡の日から六カ月以内になされなければならず、故人の居所のある税務署に提出されるか送付されなければならない。場合によっては相続税の支払いを伴うこともある。この届出では、故人、相続人、受遺者の身分証明、遺言規定、行われた贈与に関する記載が含まれ、個別に指示された相続対象の財産すべてと、その評価が列挙される。

故人が財産を所有していないか、相続の対象となる故人の財産が、直系間で移転し、課税前の資産が一万フラン以下のときには、相続の届出は義務ですらない。その場合、相続人たちは、故人の銀行口座の凍結を解除してもらうために、市役所で交付される相続証明か小審裁判所によって作成される公知証書を入手しなければならない。

死亡による他の効果

銀行への死亡の届出によって、故人名義のすべての口座、証券、通帳及び金庫が凍結される。共同口座だけが機能し続けるので、生存パートナーは、これを使い続ける権利を持つ。しかしながら死んだパートナーの相続人は、共同口座にある資金の大部分が、故人に由来していると判断して、これらの資金が相続の対象となる財産に組み込まれることを要求する権利を持つ。

注意したいのは、故人に関係する委任や代理も、効果を持たなくなるということである。

さらに、故人が生命保険に加入していた場合は、受取人が保険金を受け取るための条件が満たされているかどうかを知るために保険会社にコンタクトをとらなければならない。もし条件が整っていなければ、相続人はそれをただちに自由にすることはできない。というのもこの保険金は相続に追加され、相続税が課されるからである。

◆どのように相続を組織するか？

誰が関係するのか？

相続とは、故人の財産を相続人に移転することである。ところが生存パックスパートナーはこの相続人の資格がない。というのも、同棲者と全く同じように、故人がパートナーに有利に相続の手はずを整えていたとしても、パックスのパートナーは家族にとってはよそ者である。故人がパートナーに残す財産は、相続人に留保された財産に食い込むものであってはならず、さらにこれには高額な相続税が課される（この点について、パックス法が多少の改善を可能にしたとしてもである。先の方を見よ）。

相続それ自体は、死亡証書が証明する死亡の時刻から開始する。故人の財産を受け取る資格

COLUMN

もしパートナーが消えてしまったら

失踪の場合（遭難、自然災害、飛行機事故……）には、生存パートナーと推定相続人は、失踪の日付を公式に決定し、相続を開始するために、失踪者の居所のある大審裁判所に申し立てをしなければならない。

生死不明が長引いている場合には、まず（大審裁判所にいる）後見裁判官に生死不明推定の宣告を申請しなければならない。10年たってもパートナーが戻らなければ、同じ裁判所が相続の開始を許可することが出来る。しかし、後にこの人が戻ってきた場合、相続人は財産を返還しなければならない。

のある相続人が決まるのは、相続の宣告が正規にはまだなされていないとしても、ちょうどこの瞬間である。各相続人の権利を保全するために、完全に統制された手続に従ってすべて進む。

相続人の順位

フランスでは、血縁が意志に勝っている。つまり、家族内での感情の関係がどうであれ、相続人はまず家族の構成員であるということである。《法定相続移転》（故人がほかの手はずを何もとっていないとき、民法によって規律される財産の移転）では、相続の段取りは一定の秩序に綿密に従わなければならない。

四つの相続順位が存在する。

―一位：卑属（子、孫、曾孫・・・最も広い意味で）

—二位：特別尊属と特別傍系親族（故人の父母、兄弟姉妹、およびその子つまり甥姪）。一位の場合とは異なって、父母の存在は、兄弟姉妹を排除しない。従ってこれらの親族は全員そろって相続人であり、人数に応じて相続人の間で分割がなされる。

—三位：通常尊属（祖父母、曾祖父母）

—四位：通常傍系親族（おじ、おば、いとこ）。これらの親族は、他の順位の相続人がすでに死亡し、故人が結婚していなかった場合に遺産の一部を得る。

次に相続人は、世代数によって決められる親等に従って分類される。各世代が一親等をなし、故人に一番近い親等が最も離れた親等にまさる。このことは孫が曾孫よりも、姉妹が姪よりも、おばがいとこよりも前に来るということを意味する。同一順位、同一親等の相続人が複数いた場合には、均等に分割して相続する。相続人であるはずの人が死亡していた場合、自身の卑属によって代襲[*22]されることが出来る人は二種類しかない。故人の子とその卑属、故人の兄弟姉妹とその卑属である。他の場合には、相続人が死亡していれば、次の順位へと移る。

そして相続財産を受け取るためには相続の資格があるだけでは十分ではなく、能力があり、相続を受けるに相応しくなければならない。誰かの相続人になるためには、相続開始の日に《存在して》いなければならない。言い方を変えれば、まだ懐胎されていない子、生存可能な状態

COLUMN

故人が養子縁組をしていたら

養子については、二つのケースが存在する。

・完全養子縁組［元の家族とは断絶］の場合：この場合、養子は嫡出子と同じ権利義務を持つ。

注意：元の家族のメンバーの相続にはもはや参加できない。

・単純養子縁組［元の家族との関係が継続］の場合：養子は、元の家族において全ての相続に関する権利を保持する。

新しい家族においては、嫡出子と同じ権利を持つ。しかしながら養親の尊属、つまり養子縁組先の祖父母に対しては遺留分つき相続権者ではない。

で生まれていない子は含まれない。

さらに、相続に相応しくなければならない。相応しくない人というのは、故人の命を絶ったり絶とうとしたかどで有罪宣告を受けている人、重大な中傷を故人に対して行った人、そして故人が殺されたことを知りながら、殺人を告発しなかった相続人などのケースである。

相続人に対してのパートナー

こういうわけでパックスパートナーが相続において得られる取り分は、実際には、故人の家族を構成する相続人の種類に依存する。というのも民法は家族のあるメンバーが必ず財産の一部を相続することを要求しているからである。そのメンバーは、子、孫、父母、祖父母である。これらは遺留分つき相続権者と呼ばれる。なぜなら《遺留分》の名で指し示される相続財産の一部が自動的にこれらの相続人に帰属するからである。

遺留分以外の財産が処分任意分[*23]を形成する。従ってこの部分は、原則として他の相続人に移転する。しかし故人は、生前に、これらの財産の一部または全部を家族外の人、特にパックスパートナーに帰属させるために分離することができる。

さて、処分任意分は故人の遺留分つき相続権者の数による。

処分任意分

故人が残した子の数	遺留分	処分任意分
一人	財産の半分	残りの半分
二人	財産の三分の二	残り三分の一
三人以上	財産の四分の三	残り四分の一
子がない場合		
孫	死亡した父母の取り分	半分、三分の一、四分の一など場合による
子も孫もない場合で以下のどちらかの場合		
両親が健在	父母に四分の一ずつ	残り半分

親が一人健在	生存している親に四分の一	残り四分の三
子も孫も親もない場合で以下の場合		
祖父母が健在	祖父母に四分の一ずつ	残り半分
祖父母のどちらかが健在	生存している祖父母に四分の一	残り四分の二

遺留分つき相続権者がいない場合には遺留分はなく、故人の財産の全体が処分任意分に当たることになる。この場合、故人が生前に望めば、全ての財産をパックスのパートナーに帰属させることも出来る。

注意：亡くなったパートナーにその財産を相続する家族がなく、さらにそのパックスパートナーのための手はずをなんら整えていなければ、相続財産は、相続人がないものとみなされ、全財産が国家のものになる。

公証人の役割

相続の対象となる財産を相続人の間で分配するのは公証人である。公証人はまた相続積極財産（動産、銀行口座、貯蓄口座……）そして消極財産（債務、貸付、未払いの請求…）などを見積もる。

それから、故人によってすでになされた（特にパックスパートナーに対する）贈与や場合によっては遺言を考慮に入れて、各相続人の権利を決定する。公証人は各取り分が守られるように監視する。

最後に、公証人は、相続人が受け取る財産を処分できるようにするための公式書類を作成する。財産目録[*24]、公知証書[*25]、移転証明書[*26]、動産の所有証明書[*27]、不動産の所有証明書[*28]などである。

料金に関しては、あらゆる公証人証書は、政令によって価格が決められており、フランス全土で適用される。これに加えて、登録料、収入印紙、様々な税金（特に付加価値税）がある。公証人が、証書の作成の前後で手続を完了すると、証書に書かれた財産の区分ごとに適用される料率を決定し、単位に基づいて計算された規定報酬を受けとる。

相続税

相続税は、債務と最終的な経費を引いた、相続財産の正味の積極資産の合計に基づいて計算される。それから相続人の親等に応じて、相続税の合計が税務署によって決定される。この点ですでに見たようにパックスは同棲よりも有利である。というのも一方が他方に財産を遺贈[*29]する場合に支払われるべき相続税は、少し軽減されるからである。生存同棲者（または故人と家族関係のない受遺者）のように一万フランの控除の後六〇％で課税される代わりに、生存パックスパートナーは、三七万五〇〇〇フランの控除を受け、それから一〇万フランまでは四〇％、残りは五〇％の税が課される。

三つの例を取り上げてみよう。

・三七万五〇〇〇フランの価値の財産を他方のパートナーに遺贈することにしたとする。受遺者はパックスパートナーの死亡時に相続税を払わなくてよい。

・四七万五〇〇〇フラン遺贈するとする。三七万五〇〇〇フランの控除の後、税は残りの一〇万フランの四〇％（第一区分）、つまり四万フランになる。

・六〇万フラン遺贈するとする。三七万五〇〇〇フラン控除して、一〇万フランがまず四〇％で課税され（四万フラン）、それから残りの一二万五〇〇〇フランが五〇％で課税される（六万二五〇〇フラン）。従って税は四万＋六万二五〇〇で一〇万二五〇〇フランになる。

相続が、公証人の助けなしでもよい場合は（前の方を見よ）、相続税は税務署でなされる相続の届出と一緒に支払わなければならない。公証人が介入する相続については、相続人とパートナーは（必要な場合には）相続税を公証人に託すことが出来る。

◆共有財産の分割◆

住居

パートナーの死亡時に、公証人は、カップルが共有している財産の分割にとりかかる。住居に関しては、生存パートナーは、取得証書に記されている自身の出資に応じて共有の取り分を受け取る。この財産はすでにこのパートナーに帰属する。相続税の支払いは必要ない。

相続人の側は残りの部分を分け合う。パックス契約、共有の合意（《パックス中の日常生活》の章参照）、遺言（後のほう参照）の中で、生存パートナーのために何の保護も定めていなければ、生存パートナーの立場は、相続人たちの態度如何にかかってくる。例えば、相続人はそのまま共有を維持して、占有に対する補償の支払いを取り付けてパートナーを住ませ続けることもできる。もし相続人の人数が多ければ、彼らの間であるいはパートナーに持分を売却することもできる。後者の場合、生存パートナーの共有の持分はより大きくなる。

しかし彼らは共有を終了させることも出来る。この場合、その財力があればだが、パートナーは故人の持分の買主として名乗りを上げることも出来るだろう。合意が得られない場合、住居は売られ、生存パートナーは立ち退かなければならなくなる。というのもこのパートナーにはこの決定に対抗することは出来ないからである。

他の動産

家具は全てパックス法に定められた規定に従って分割される。つまりパックス契約中の条項に従うか、それがない場合は半分が相続人に、残りの半分が生存パートナーに分割される。ここでパックスは同棲に比べてちょっとした改良をもたらしている。というのは、この共有の推定によって、財産が本当は誰に帰属するのか分からなくても、生存パートナーが少なくもその半分は得ることが出来るからである。他方で、財産が自分のものであることを証明できない生存同棲者は、相続人によって身ぐるみはがれてしまうことがある。

家具以外の動産についても、取得証書に別の定めがなければ、家具と同じ運命である。だから、この点では生存パートナーは同棲者よりもほんの少し保護されていることになるが、最良の地位が保証されている結婚配偶者ほどではない。夫婦財産制と故人の相続人いかんだが、それでも結婚配偶者は、相続財産の一部を割り当てられ、その上それにかかる税金ははるかに少ない。

こうしてみるとパックスカップルにとって、どちらかの死を予想することは極度に重要である。パックスカップルはお互いに相続人ではないという理由から、非常に限られた操作の余地しかないので、パックスの作成のときあるいはその後でも、出来る限り自分の相手を守るために、様々な法的な手段について情報を得ておくことが絶対に必要である。

◆自分のパートナーを守る◆

共有でできること

共有がパックスカップルの義務的な財産制として立法者に選ばれた以上、いっそそのメリットをできるだけ利用したほうがいい。というのも、相続人が故人の持分を受け取るとしても、生存配偶者が共有財産を使用し続けられるいくつかの方法が存在するからである。しかし、これは、まずパックスパートナーが生前に（例えば共有財産の購入時）手段を講じておくこと、相続時に自分の意志が守られるように、自分の意志を公的な形で登録しておくことを前提とする。

特に、住居に関しては、繰り返しになるが公証人の関与ははずせないだろう。公証人が、例えば（各パートナーの）、虚有権と用益権を交換するように提案することがありうる（《パックス中の日常生活》参照）。こうすると、生存パートナーは自分の持分についての用益権と故人の持分についての虚有権をもつことができ（相続人については逆になる）、住居に住み続けることが出来る。

別の方法は、《補償と引き換えの先取り権》条項を使って、生存パートナーが相続人への補償の支払いを交換条件に、条項で明確に言及された財産を保持することである。これは、相続人に財産を生存パートナーに売るように強いる一つのやり方である。

また、自分の共有持分を遺贈することもできる（後の方を見よ）。

贈与をする

最終的に生き残った方に贈与をするという方法は、結婚した配偶者のみ許されている。従って、パックスパートナーの間には、《生前贈与》と呼ばれる贈与の可能性しかない。つまり二人のパートナーが生きている間しか贈与はできない。さらに追加的な制限がある。それはパックスの締結後二年を経過していなければならないということである。

まず、パートナーが処分任意分（一〇六頁を見よ）に属する財産しか互いに贈与できないのは明らかである。こういうわけで公証人のところに行く必要が出てくる。あらゆるミスが死亡時に問題を引き起こす恐れがあり、これによって生存パートナーに不法に贈与された財産をもう一度相続財産に組み込むよう相続人が主張できるからである。

ちなみに、あらゆる財産の移転と同様に、贈与には税金がかかる。ここでは、パックスカップルへの課税は、相続と同じ税率表に従う。つまり三七万五〇〇〇フランの控除と、最初の一〇万フランに四〇％、残りについては五〇％の課税である。例えばあるパートナーが三七万五〇〇〇フラン以下の共有住居の持分を所有し、他方にそれを贈与した場合、他方のパートナーは、税金も、贈与者の相続人に支払うべき補償もなく、住居の完全な所有者となれるのはこういうわけである。そして、十年経てばもう一度この三七万五〇〇〇フランの控除を受けることが出来る（別の贈与あるいは遺贈について）。

最後に注意してほしいのは、この種類の贈与は撤回できないということである。贈与された財産は取り戻せないので、贈与の前によく考える必要がある。

遺言をする

すでに見たように、相続について定めるのは民法である。これらのルールが両パートナーにとって満足できるものであれば、遺言をする必要はない。しかし反対に、カップルのうち一人が自分のパートナーに利益を与えたいと考えてはいるが、贈与を行いたくない場合、遺言を作成する必要がある。

パックスが始まるときに言われたり書かれたりしていたこととは反対に、この遺言はパックス契約そのものの中に含まれることは絶対出来ない。これは、非常に詳細なルールに従って、ここでもまた遺留分と処分任意分に応じて、パックス契約とは別に作成されなければならない。遺留分つき相続権者が全くいない場合を除いて、処分任意分に属する財産しかパートナーに遺贈することは出来ない。

重要度に応じて、異なる方法を選ぶことが出来る。

自筆遺書

この用語は、遺言者が遺言を《完全に自分自身で書く》ということを意味し、従って完全に手書きでなければならない。内容は、意志表明が明確になるように十分に詳細なものである必要がある。

異議申し立ての可能性を避けるために、いつもの筆跡と署名を保ちつつも、読みやすく作成し、正確に日付（年月日）を入れるように注意する。日付の記載のないものは、書類の無効を引き起こすことがある。

どんな形式を採用するかは自由である。手紙、文章、リスト、モデルのコピーでも良い（次の頁のモデルを見よ）。

注意：タイプされた遺言は、法的な価値を全く持たない。さらに上書き、線を引いての訂正、貼り付けや汚れも遺言に対する異議を引き起こす余地があるから避けるべきである。反対に使う筆記具は羽ペン、万年筆、鉛筆でも何でも良い。しかしながら文章は長い間読めるものでなければならないということに留意してほしい！

この遺言が最初の遺言ではない場合、以前の遺言を完全に撤回するかどうかを明らかにしなければならない。自筆遺言の利点はその簡単さ、他の人に分からないこと、無料であることである。というのも自筆遺言を自分の家か信頼できる人のところに保存しておけば全くお金はからない。しかしこのやり方でいくと遺贈者の死後、遺言が紛失してしまったり、相続人によって裁判で異議を申し立てられることもありうる。

そういうわけで遺言保存所[※27]に遺言を登録してくれるよう公証人のところに預けることを選んでも良い。ここは、フランスの公証人によって登録された全ての遺言を集めており、ここに問い合わせないことには、相続を開始することは出来ない。

自筆遺言のモデル

これは私の遺言である。
……（住所）に住む、以下に署名した……（氏名）は、
（財産を遺贈したい人の名前一覧、例えば）
―私のパートナーに、彼が完全な所有者になるように、私たちの主要な住居について私が保持する持分を
―……
遺贈する。
この遺言は過去の遺言を全て撤回する。
場所
日付
サイン

公証人が作成する遺言

《公署証書による》[30]遺言と呼ばれ、非常に詳細な形式上の規則を作成時に守らなければならない。まずこれは公証人と二人の証人の、あるいは二人の公証人の面前で作成されなければならない。遺贈者は、公証人にその遺言を書き取らせるが、公証人はそれを手書きにする必要はない（機械を使っても良い）。再読の後、必ず手書きで署名し、二人の証人と公証人も続けて署名する。

注意：遺言の規定によって影響を受ける人や親は証人になることが出来ない。さらに証人はフランス国籍を持ち、成人で能力がなければならない。

公証人よる遺言のメリットは、紛失の心配もなければ、公証人が疑わしい条項やあいまいな条項を全て削除するので、異議の心配も全くないということである。さらにこれが公証人によって保存されているから相続の開始時に自動的に考慮されるということである。しかしながら二つの不都合は、この遺言は周知のものであるということ（証人がその内容を明かすかもしれない）、公証人の手数料のために費用が高いということである。加えて、修正、再作成を望む場合、手続全体を繰りかえさねばならない。

秘密証書による遺言

これは、数が多くて複雑なその様式のために少し時代遅れであるが、それでも秘密にしたい

COLUMN

自分のパートナーと結婚するときは？

この場合、このパートナーは遺贈者の配偶者となり、相続においては特別な地位を占めることになる。配偶者は、遺留分つき相続権者ではないが、法律はそれでも相続分の一部を割り当てている。

完全な所有権を持つ場合：卑属も尊属も、兄弟姉妹も、甥姪もなく、場合によっては通常傍系親族（おじ、おば、いとこ……）のみがいるとき、配偶者は全ての財産を受け取る。そして（父方か母方の）どちらか一方の系統の尊属のみがいて、卑属や特別傍系親がいない場合、または（少なくとも2001年現在では）1人または複数の「不貞子」のみがいる場合は、配偶者は半分を受け取る。

用益権を持つ場合：故人に尊属（親、祖父母）がいるときや、特別傍系親族か卑属がいるときは、配偶者は財産の半分の用益権を受け取る。故人に結婚、あるいは以前の結合から生じた1人あるいは複数の嫡出卑属、自然子、養子、さらにこれらの子を代襲する卑属があるときは4分の1の用益権を受け取る。

最後に2001年2月8日国民議会第1読会において、生存配偶者の相続順位上の地位を改善する法律案が可決されていることを指摘しておく。これは、故人に子も親もない場合、配偶者は兄弟姉妹、甥姪よりも前に相続できること、故人に親のみがいる場合、財産の用益権しか受け取れないのではなく、配偶者は相続財産の2分の1あるいはに4分の3の所有権を持つこと、故人が子を残しているとき、配偶者は、居住権を保持するともに遺産の4分の1の完全な所有権を受け取ることなどを定めている[※28]。

人には最適である（これは《神秘的な》遺言という意味である）。その上、独りで作成するか誰かと作成するか、手書きか、タイプするかは重要ではない。封印をしたあと、遺贈者は二人の証人の面前で公証人にそれを預ける。それから公証人は、遺言の入った封筒に上書証書（調書）を作成し、遺贈者と証人に署名させる。

遺言を公証人に預けるか自分自身で保存するかを選択することが出来るが、誰も――公証人でさえも――相続の開始前にそれを読むことは出来ない。

" 用語解説 "

Glossaire

＊1　**贈与 Donation**
ある人（贈与者）が財産を対価なしで別の人（受贈者）に寄贈する行為。配偶者間贈与のような例外を除いて、贈与はすぐに効果を発生する。こういうわけで《生前贈与》とも呼ばれるのである。

＊2　**解放 Émancipation**
未成年の人にあたえられ、これにより両親の親権を逃れ、成人と同じ権利を持つことができる。

＊3　**能力（能力がある）Capacité（être capable）**
権利義務を保持し、自らそれらを行使するための適性。

＊4　**後見 Tutelle**
未成年者や精神機能の重大な障害を蒙っている成年無能力者の保護制度。後見人は、市民生活のあらゆる行為において、被後見人を完全かつ継続的に代理する。

＊5　**保佐 Curatelle**
裁判上の保護と後見の間の制度で、成人無能力者を保護する。被保佐人には部分的な無能力のみが適用される。いくつかの行政行為を単独でなす可能性を保持する。

＊6　**裁判上の保護 Sauvegarde de justice**
精神的、身体的能力を損なっている人のための保護制度。この保護には時間的な制限がある。つまり二カ月から六カ月の期間で、二年間を限度に更新可能である。裁判上の保護はその効果においても限られている。というのは保護されている人は自分の権利の行使を保持するからである。しかし市民

生活上の行為において自分自身に引き起こしうる損害からは保護されている。

＊7 賃貸人 Bailleur

賃貸借されている財産の所有者または管理者。

＊8 無償譲与 Libéralité

対価を得ることなく利益を他人に与える行為。贈与や遺言による。

＊9 私署証書 Acte sous-seing privé

約束や義務を含む証書で、法律によって定められた例外を除いては、当事者の署名以外の形式上の条件がない。公署官である公証人が内容を証明し署名している公証人証書と違って、私署証書は、異議申し立てがあった場合、署名した当事者が、明示的にあるいは暗黙に自分の署名を認めるか、裁判で証明されなければ証拠力を持たない。

＊10 書記課 Greffe

裁判所及び法廷の資料、手続に関する届出をまとめる係。書記は、法廷記録を保存し、判決の原本を作成、保存し、また公署証書を交付する役目を負っている。

＊11 詐欺 Dol

欺罔なしでは結ばないであろうと思われる契約にサインさせるために人を欺こうとする不正な操作（嘘、隠蔽）。

＊12　遺留分つき相続権者 Héritiers réservataires
ある人の卑属または尊属で、故人が生前とった手はずがどのようなものであれ、自分に留保された相続財産の一部を遺産として必ず受け取ることになっている人。

＊13　抵当権 Hypothèque
債権者に与えられる担保で、指定された一つあるいは複数の不動産にかかわる。抵当権は、抵当権保存所への登記の日付からしか有効ではない。

＊14　共同口座 Compte joint
預金者のそれぞれが単独で預金全体について処分することが出来ると同時に、債務全体について責任を負う集合的口座。

＊15　所有権の分肢 Démembrement de propriété
用益権や使用権、居住権の譲渡など、他の人に諸権利を移転する所有者の自由。

＊16　虚有権 Nue-propriété
所有権の分肢。その名義人は、自分が保持する財産を処分することが出来るが、そこから収入を得ることはできない。なぜなら財産の利用は別の人、用益権者に帰属するからである。

＊17　用益権 Usufruit
所有権の分肢。その名義人は財産を利用し、そこから収益を得ることができるが、財産は別の人、つまり裸の所有権者に帰属するので、譲渡したり損なったりすることは出来ない。

＊18 家具 Meubles meublants
使用や住居の装飾向けの（ある場所から別の場所へと動かせる）動産。ベッド、テーブル、腰掛、たんす、振り子時計、家電、コンピュータなど。

＊19 家具以外の動産 Meubles autres que meublants
使用や装飾向けではない動産。車、有価証券、芸術作品のコレクションなど。

＊20 有価証券 Valeurs mobilières
株券、株式、社債、可変資本投資会社、国債など。

＊21 精算金 Soulte
分割や交換の際に、相手よりも価値の多い財産や取り分を受け取った者が支払わなければならない金銭。

＊22 代襲 Représentation
一定の相続人が、死亡した人の代わりに遺産を受け取ることができること。代襲は、自然あるいは嫡出親子関係があるときには必ず、ある卑属から次の卑属へと無限に起こるが、尊属や通常傍系親族（おじ、おば、いとこ）については絶対に起きない。

＊23 処分任意分 Quotité disponible
遺留分つき相続権者がいるときに、ある人が贈与や遺贈をするために処分できる相続財産の部分。

＊24 **財産目録 Inventaire des biens**
相続財産の借り方と貸し方を証明する書類。

＊25 **公知証書 Acte de notoriété**
故人の家族構成員が他の構成員、行政、銀行、その他の機関に対して自らの相続資格を証明することを可能にする証書。

＊26 **移転証書 Certificat de mutation**
故人の有価証券をその相続人に移転する証書。

＊27 **動産の所有証明書 Certificat de propriété**
相続人が、故人の金銭、年金、手当金、動産の名義などに関係するすべてのものについての所有権を主張することを可能にする証書。

＊28 **不動産の所有証明書 Attestation de propriété**
相続財産が不動産を含むときに作成され、相続人にその移転を認める書類。

＊29 **遺贈 Legs**
遺言による寄贈。

＊30 **公署証書 Acte authentique**

公証人の署名のはいった証書。その性質上、公署証書はその内容を証明し（証拠力）、確かな日付（確定日付）を持ち、事前の法的決定なしに債務者を追跡することを可能にする（執行力）。

" 訳注 "

Note du traducteur

※1　共有 Indivision
六三頁のコラム参照

※2　共同課税 Imposition commune
八一頁のコラム参照

※3　公務員に対する優遇
七八頁《公務員だったら》参照。

※4　憲法院 Conseil constitutionnel
法律が発効する前に、両議院の議員及び議長による提訴を受けて採択された法律の合憲性を審査する機関。

※5　情報と自由に関する全国委員会 Commission nationale de l'informatique et des libertés
一九七八年一月六日の法律によってつくられた情報と自由に関する独立行政法人。国民の私生活の尊重を保障するためにあらゆる公的ファイルおよび私的ファイル統制することを任務としている。この委員会は同様に、個人情報の開示、訂正についても責任を負っている。

※6　モノガミー
一夫一婦制のことだが、ここでは複数のパックスはできないという意味で、一対一の排他的関係を指している。

※7　単親手当、支援手当、生存配偶者手当
訳注21参照

※8　民事身分登録と日本の戸籍
「家」の観念と結びついた戸を単位として個人の民事身分の変化を網羅的に記録する日本の戸籍とは異なり、フランスの民事身分登録では、出生、結婚、死亡といった民事身分行為が、届け出地の登録簿に登録されるだけである。

※9　後得財産 Acquêts
共通財産制の下にある夫婦が結婚している期間中に有償で取得した財産。

※10
七七頁以下の《家庭の事情》参照。

※11　居所 Résidence
あるものが実際に生活している場所で、法律上の住所（Domicile）とは区別される。家族法では居所が優先されることがある。

※12　家族手帳 Livret de famille
夫婦、あるいは自然子と親子関係が確立された母親あるいは父親に市町村長によって交付される手帳。配偶者、親子関係についての身分証書の抄本を含む。

※13 **階層的申し立て Recours hiérarchique**

不服申し立ての対象となる措置をとった機関にではなく、その上級の機関に行う申し立て。

※14 **フランスの裁判機構**

フランスの裁判所には破毀院を頂点とする司法系統の裁判所とコンセイユ・デタ（最高行政裁判所）を頂点とする行政系統の裁判所がある。

司法系裁判所

民事裁判所	例外裁判所	刑事裁判所
・近接裁判官（Juge de proximité, 一五〇〇ユーロ以下の争訟） ・小審裁判所（七五〇〇ユーロ未満の争い、賃貸借に関する争い） ・大審裁判所（七五〇〇ユーロ以上の争い、離婚や親権、親子関係をめぐる争い）	・労働裁判所 ・社会保障事件裁判所 ・商事裁判所 ・農事賃貸借同数裁判所	・近接裁判官（罰金が三〇〇〇ユーロを超えない最も軽い罪である違警罪の一部） ・違警罪裁判所（違警罪、運転免許の停止など） ・軽罪裁判所（十年までの拘禁刑が課される軽罪） ・重罪院（終身刑までの重罪）
その他未成年を管轄する諸裁判所		

↓

控訴院

破毀院 ←

行政系裁判所

地方行政裁判所（国家行政、州、県、市町村、公企業など公権力との争い）

・難民不服申立て委員会
・県社会保障委員会
・復員者補償委員会

行政控訴院 ←

コンセイユ・デタ ←

（参考：フランス法務省　http://www.justice.gouv.fr/justorg/justorg4.htm）

※15　慣習証明書 Certificat de coutume

当事者が援用する外国法の内容を示すフランス語の文書。

※16　同棲者の賃貸借に関する権利

日本では、借地借家法三六条一項が、死亡した賃借人に相続人がない場合は、内縁配偶者は賃借権を相続できることを定めている。また最高裁判例によると、相続人がある場合は、相続人の賃借権を援用できるとしている。

※17　住宅貯蓄預金 Plan d'épargne logement
住宅購入を目的とした貯蓄預金で、契約者は貸付を受けることもできる。

※18　抵当権保存所 Conservation des hypothèques
不動産物件に関するすべての証書および不動産が間接的に目的となる債権を生じさせる証書が寄託される事務所。

※19　民事会社 Société civile
自由業、手工業、農業など非商業的活動を目的とする会社。

※20　トンチ氏方式 Tontine
二人以上の人が、自分たちが獲得した財産が最終的に生き残った方に帰属することを定める条項。

※21　疾病保険金庫 Caisse d'assurance maladie
疾病保険に関する職務を担当する社会保障機関。

※22　フランスの主な社会保障(1)

家族支援手当 allocation de soutien familial	父及び（あるいは）母のいない子を扶養している人を対象とする給付。
単身手当 allocation de parent isolé	単独で子を扶養する全てのものを対象とする家族手当。

家族手当 allocation familiale	二人以上の子を持つ全てのものに支払われる給付。
乳幼児手当 allocation pour jeune enfant	妊娠期間および誕生日の翌月から三カ月の間支給される給付。
補足家族手当 complément familial	三歳以上の子どもを三人以上養育する世帯に支給される給付。
養育親手当 allocation parentale d'éducation	三歳未満の子を養子縁組などによって三人以上有するにいたった者で、自己の職業活動を停止した全ての者に支給される給付。
新学年手当 allocation de rentréescolaire	一定条件を満たした新学年の子のいる世帯に支給される給付。
特別育成手当 allocation d'éducation spéciale	二十歳未満で一定の条件を満たす障害児のための家族給付。

※23 フランスの主な社会保障(2)

雇用促進最低収入 revenue minimum d'insertion	最低所得水準を各人に保証する給付。日本の生活保護にあたる。
特別連帯手当 allocation de solidarité spécifique	失業保険の受給を終了した求職者に支払われる無拠出型給付。

社会参入手当 allocation d'insertion	失業保険に加入していない求職者を対象とする給付。
成人障害者手当 allocation adulte handicapé	収入の少ない成人障害者に一定の条件下で最低所得を保証する給付。
補償手当 allocation compensatrice	障害者が、その障害によって生じた追加的な費用を補償するための給付。
住宅手当 allocation de logement	家賃の負担や住宅ローンの支払いを助ける給付。家族的性格の手当と社会的性格の手当がある。
生存配偶者手当 allocation veuvage	亡くなった配偶者が老齢保険に加入していた場合、一定の条件下でその生存配偶者に支給される給付。年金改革に伴い二〇〇四年廃止予定。
切り替え年金 pension de réversion	亡くなった人に代わってその配偶者に支給される年金。支給対象者に子が含まれないかわり、妻だけでなく夫も受給者になれる点で、日本の遺族年金と異なる。

※24　一時滞在許可 Carte de séjour temporaire

フランスに三カ月以上滞在する外国人は滞在許可証を取得しなければならないが、これには十年間有効の居住許可証と一年間のみ有効の一時滞在許可証とがある。

※25　連帯富裕税 Impôt de solidarité sur la fortune

資産が一定の額を超えると課される税。

※26　家族係数 Quotient familial
課税対象世帯の家族扶養の負担を考慮に入れて所得税算出を調整する方法。扶養家族の数に応じて決まる除数で全所得を割ったものに累進税率を適用する。

※27　遺言保存所 Fichier central des dispositions de dernières volontés
遺言の存在が忘れられたり、守られないことがないように、遺言を保存する目的で作られた機関。

※28　配偶者と「不貞子」の権利の改善
その後、実際に二〇〇一年十二月三日の法律によって生存配偶者の地位は改善されている。故人に卑属がある場合は、財産全体の用益権か、財産の四分の一の所有権を、卑属がなく親が一人あるときは全体の四分の三の所有権を、卑属がなく親が二人あるときは二分の一、卑属も親もないときは全体の所有権を、配偶者は承継する。また同じ法律によって、いわゆる「不貞子」の地位は他の子と同じものになった。

※用語の解説に関しては、中村紘一ほか監訳『フランス法律用語辞典』（三省堂、一九九八年）および Rémy CABRILLAC 監修、Dictionnaire du vocabulaire juridique (Litec, 2002) を参考にした。

"訳者解説"

Commentaire

齊藤笑美子

Commentaire

はじめに

「パックス」ときいて、それが何かを分かる人はそう多くはないだろう。新聞で紹介されていたので、場合によっては、これに関連して小さな記事が出ていたことぐらいは覚えている場合もあるかもしれない。同性愛者の結婚がフランスで認められたと紹介されていることもかなりあるように、イメージが先行して実際それが何なのかというところは正確には知られていないようである。似ているところもあるが、これはそういう名前の「契約」であって結婚とは違うものである。

パックスとは、連帯について定める民事契約を意味するフランス語の Pacte Civil de Solidarité（連帯民事契約。ＰＡＣＳ）という言葉の頭文字をとった略称である。一九九九年にフランス民法典に新しく誕生したこの新しい契約は、フランスでは世論を真二つに分断し、国会議員、市長、活動家、市民、入り乱れての大論争を巻き起こす結果となった。というのはこの契約が結婚に類似する性格をもちながら、しかも肝心な点で結婚とは異なっていたからである。

パックスは、一緒に暮らす二人の人がその共同生活を整えるために結ぶ契約で、これを結ぶとその二人は日常生活を送る上でお互いに対して助け合うという義務を負わなければならなくなる。その代わり、税金が安くなるとか、社会保障が受けられるといったメリットがこの二人には与えられる。三人以上では結べないし、母と息子、兄と妹などの一定の近親者の間でもパックスは禁止されている。

ここまでは結婚に似ているが、決定的に結婚とパックスを隔てているのは、それをする人の性別の組み合わせである。意識している人は少ないが、結婚は通常、戸籍上の性別が男性である人と女性である人の間で交わされる一種の「契約」である。至極当然と思われているせいか、民法にも結婚は戸籍上の男と女でなければならないとはわざわざ書かれていない。だからといって、今日の日本で、女性同士あるいは男性同士で役所に結婚届を出しに行ってもまともに取り合ってもらえる可能性はないだろう。ところがパックスは性別の組み合わせを問題にしない。これを結ぶ人は女と女、男と男、そして結婚の場合と同じように男と女のどれでもよいのである。パックスが、物議をかもしたのは何よりもこの点である。

パックス法案が議会で審議され始めたとき、社会党中心の連立政権は、パックスは共同生活を律する契約であり、その対象には結婚したくない、あるいはできないカップルだけでなく、性的関係がなく単に一緒に暮らしている友人同士も含めるという説明をしていた。そういうわけでこの契約を結ぶ人たちの間柄としては色々なものが想定できるが、真の争点はこの契約に同性愛カップルを公式に認める意味があるということに由来していた。

結婚できない同性のカップルの生活を改善するための運動は、フランスでは九〇年前後から始まっており、その十年来の試みが連立左翼政権の政治的なバックアップを得て実現したのがパックスであった。フランスは、特にカトリックの影響力が強いところである。同性愛を反社会的と考える一部の宗教的勢力から猛反発を受けたのは言うまでもない。しかし主要な反対派は宗教的保守主義だけではなく、パックスは一部の知識人からも精神分析学や人類学を根拠に猛烈に批判されたのである。

さて、もう一つの争点は、結婚とは別に、婚姻外共同生活を法律で認めることの是非である。当時の議会多数派は、パックスが同性カップルのみならず結婚することもできる異性カップルを含めていることについて、多くの異性カップルが結婚せず同棲を続けていることを理由としてあげている。

日本では、夫婦が合意していれば届出をするだけで離婚できるので、社会的圧力など事実上の困難はともかく、手続の上では離婚は非常にシンプルでありうる。反対にフランスでは夫婦が離婚に同意していても、それだけでは離婚できず、裁判官の介入を経なければ離婚できない。また、結婚にはいろいろな義務が伴う。こうした結婚制度の重たさに対する反発としてユニオン・リブル[1]が一般化していると推測されるが、パックスは結婚制度の面倒を嫌う異性カップルに、面倒を回避しつつ二人の暮らしを法的に整理する道を提供するという意味がある。

同棲しているカップルが別離することになると、別離に伴って発生する問題、特に財産の清算などを解決しなければならないが、同棲は純然たる事実状態なので、当事者の間で相談して折り合いをつけるしかない。立場の弱い方が泣き寝入りしなければならなくなる危険もある。別離が死別である場合はより悲劇的である。純然たる事実状態の存在である同棲パートナーは、相続において法が遺留分を自動的に用意している親族よりも弱い立場にある上、場合によっては同棲相手の家族によって身ぐるみはがれてしまう可能性もあるからだ。パックスはこうした同性・異性を問わず婚姻外共同生活の抱える共通の問題に部分的に応えるもので、私生活の契約化という流れに与するものであった。

本書はこの新しい契約であるパックスについて、実務的観点からきわめて簡潔に説明を加え、実際の利用者にアドバイスを与える形式となっている。パックスを創設する法律によって、同性カップルを含む婚姻外カップルが享受できるようになった利益を詳細に描写することは本文に任せるとして、ここではこの法律の社会的背景、比較の視点から見た特殊性と争点など、読者の理解を助けるため、社会的コンテクストについてやや詳しく述べ、日本の状況について付言したいと思う。

---

1 フランス語で「自由な結合」の意味。法律婚をせずにともに暮らしているカップルを指す。

I 「同性カップル」の承認要求の出現

◆同性カップルの承認――新しい要求◆

パックスの登場した背景を理解しようとするとき、その起源にある同性カップルの法的承認という争点について知っておくことが何よりも重要である。まず、この点についてやや詳しく述べることにしよう。

一九八〇年代にすでに登録パートナーシップ制を始めていたデンマーク、同性カップルが結婚カップルとほぼ同等の権利を持つスウェーデン、そして同性カップルにも結婚の道を開いたオランダなど、ヨーロッパでは形式はどうあれ同性カップルの承認要求にこたえることが珍しくない。しかしながら、このような同性カップルの承認という方向性は、少なくとも一九八〇年代のフランスでは必ずしも自明のことではなかったようだ。なぜならフランスでは、同性カップルを法律で承認するということに対して当事者側にまず強い抵抗があったからである。

同性カップルの国家による承認は、排他的な一対一の関係に基づくブルジョア的異性カップルモデルの再生産であるとみなされ、家父長的・異性愛至上主義社会を批判してきた五月革命[2]の後継者である同性愛者たちに、八〇年代まで忌避されてきたからである。むしろ同性愛者たちは、自らをこのようなブルジョア的家族秩序を転覆しうるアクターとして位置づけていたのであって、家族幻想の分け前に与ることなど願い下げと考えていた。ここでは規範的拘束から完全に解放された絶対的に自由なセクシュアリティの理想こそが支配的であったのだ。この状況では、カップルとしての生活を立法化することが政治的に要求されなくても全く不思議はない。また、この時代の同性愛解放運動の目的は、同性愛行為を差別的に扱っていた刑事規制を撤廃し、同性愛を犯罪視することを国家にやめさせ、私生活に干渉されない消極的自由を勝ち取ることであった[3]。この間、社会的・経済的地位に恵まれた（特に男性）同性愛者は「ゲットーの中の幸せ」と呼べる状況を謳歌することになる。

2　一九六八年五月の学生の蜂起を契機に、知識人・労働者が呼応してフランス全土にまで達した社会闘争。

3　二つの刑事規定が問題となっていた。一つは、同性間の性行為同意年齢を異性間の十五歳よりも高く十八歳としていた刑法三三一条第二項。もう一つは公然わいせつ罪について、同性愛に関係するときは量刑を重くしていた刑法三三〇条第二項。前者はドイツ占領下のヴィシー政権下で採用されたものだが、第四共和制下でも維持され、後者にいたっては第五共和制下で新たに採用されたものである。これらが全て廃止されたのは一九八二年のことである。

しかしこのようなリベルテール（絶対自由主義）モデルは同性愛者自身によって見直されることになった。状況を完全に覆してしまったのは、エイズの拡大である。パートナーの病と死という悲劇が、「ゲットーの中の幸せ」から彼らを引っ張り出すことになったのだ。たとえばパートナーの死によってそれまで住んでいた住居を追われたり、パートナーの家族に身ぐるみ剥がされて無一文で放り出されるといった、日常的な残酷に向き合わざるを得なくなったからである。この時期のアンケート結果も八〇年代を境に意識の転換があったことを示している。こうして実際の強い要求に根をおろすことに成功したカップル承認モデルが、リベルテール・モデルを凌駕することとなった。

◆司法による拒絶◆

ところで、前述のようにフランスではユニオン・リブルといわれる結婚しないカップルの共同生活が一般化している。内縁は法律を無視しているから、法律も内縁を無視するという定式に集約されるように、もともとユニオン・リブルは完全に法の関知しない純粋な事実状態であった。しかし、この結婚しないカップルの普及という現実を前に、裁判所および社会の側はこれらに一定の法的効果を与えるようになっていた。内縁配偶者からの損害賠償請求は判例によって認められ、社会保障の享受は法律によって明記され、さらには条件を満たせば結婚していなくても人工生殖医療にアクセスすることもできる。

同性カップルは、これを足がかりにカップルとしての承認の課題に取り組むことになった。つまり、これまで婚姻外カップルに認められてきた諸権利を同性カップルにも認めさせようという試みである。八〇年代を通じて争われた二つの事件が司法系の最高裁判所である破毀院で裁定されることになったが[4]、これがその後のとるべき方向を決定的にした。事件の概要は以下のようであった。

エール・フランス国営航空の内部規則は、職員とその家族に適用していた同社の航空運賃の便宜をユニオン・リブルのパートナーに拡大することを定めていた。同社に勤務する男性客室乗務員が、自分の同性パートナーにもその便宜をはかるように要求した。ところが、エール・フランス社がそれを拒否したため、同客室乗務員はパリ労働裁判所に提訴した。パリ労働裁判所は、社会風俗の発展に鑑みて、二人の同性愛者の共同生活は異性愛者間のユニオン・リブルに同一視しうるものであり、エール・フランス社の規則によって考えられている内縁は、同性の内縁をも対象としているものとして理解されなければならないとした。ところが、これに続くパリ控訴院は、内部規則に書かれている「ユニオン・リブルの配偶者」「職員とその家族」「夫

4 破毀院社会部 一九八九年七月十一日

婦のような生活（Vie maritale）」という表現は、伝統的な意味において、夫婦のように生活する男女の状況のみを指しているとして第一審の決定を覆した。破毀院も、「ユニオン・リブルの状態にある配偶者」に利益を拡大するその規則は、婚姻によって結ばれることなく、夫婦のように生活することを決めた二名の者に利益を与えるものとして了解されているのだから、男性と女性からなるカップルのみに関係すると理解しなければならないとした控訴院の判断を支持した。

もう一つの事件は、社会保障に関するものであった。法律は「被保険者と夫婦のように生活し、被保険者の実効的かつ恒常的な扶養の下にある者は、疾病保険、出産保険の現物給付の受給資格を持つ[5]」としていた。被保険者をレズビアンカップルのパートナーに持ちながら、一九八三年に社会保険の受給資格を拒否されていたある女性が、自分とパートナーとの生活は内縁に同視することができるとして管轄の審査委員会に異議申立てを行った。しかし、審査委員会は、この法律は男女からなる夫婦のような生活のみを考慮しているとして、この女性の異議を棄却したため、この女性はレンヌ控訴院に控訴した。控訴院はこの決定を再肯定して控訴を棄却し、破毀院も、「夫婦のような生活」の概念は、男女からなるカップルにしか関わらないとして破毀の申立を棄却するにいたった。

二つの事案を共通して扱った法院検事[6]は、異性内縁を結婚と接近させ、同性内縁とは遠ざけるという論理を採用した。その要旨を一言で述べると、異性内縁と結婚は、嫡出であるか自然であるかという違いはあれど、家族を形成する、つまり再生産を目的とする点で同じであり、それら異性カップルと、再生産を担うことのできない同性内縁とは同一視することができないということであった。

ところで、このような論理展開は、少なくともそれまでの判例の流れからすると、すわりの悪いものであったといわざるを得ない。というのも裁判官は、それまではむしろ結婚と純然たる事実である内縁を区別することにこだわってきたからである。内縁の主要な要素とは、結婚との見かけ上の類似ではなく、単に内縁関係の安定性と公知性であった。しかし内縁が同性内縁となると、裁判所の議論が転倒してしまい、内縁は結婚との類似性によって定義されることになったわけである。「厳粛」な行為である結婚と純然たる事実である内縁、つまり共通財産制、貞操義務、扶養義務、扶助義務などの有無によって根本的に区別されるべき二つの状況を接近させるこの論理は、一部学説によって厳しく批判された[7]。

5 社会保障の一般化に関する一九七八年一月二日の法律一三条
6 フランスの制度では民事裁判に検察官が関与し、検事が総括意見書を作成する。これは裁判官の判断を拘束しない。
7 Jacquline RUBELLIN DEVICHI, *Revue trimestrielle du droit civil*, janv-mars, 1990.

いずれにせよ、この一九八九年の二つの判決によって、異性内縁カップルに認められていた権利を同性カップルにも拡大させることは難しくなってしまった。破毀院の拒絶の立場は賃貸借の移転についても頑なに貫かれる[8]。これは賃貸借契約の名義人であったパートナーをエイズでなくした当事者が家主によって追い出されるという事案であったため、当事者に同情的であった世論には不当なものと受け止められたようだ。

結局、これらの最高裁判所による拒否が立法の介入の必要性を決定的にした。私生活の自由という形で個人としての完全な自由を手にした同性愛者は、カップルとしての承認という段階で壁に突き当たることになったのである。ここへ来て外部の強い抵抗にあうことになったのは、同性カップルの承認が、それまで同性愛者が個人として自由を要求する限りでは問題にされることのなかったカップル間のヒエラルキーを問題にしかねないからであり、「私的な領域で行われる限り自由であり、国家は介入しない」という定式に表現されるマイノリティに対する「寛容」の範疇を超える問題だったからである。

8 破毀院民事部一九九七年十二月十七日

II　政治、フランス社会、専門家とパックス

◆政治◆

フランスで、この種の試みで最初のものとなる法案が議会に提出されたのは、立法による同性カップルの承認の必要性が破毀院の拒絶によって明らかになった直後の一九九〇年である。たった一人の元老院議員によって提出されたこの法案は議論されることはなかった。一九九二年には、国民議会で数人の議員によってパックスの起源に当たる「民事結合契約」法案が提出されている。

これらの法案には、新しい法的地位へのアクセスは、同性カップルには限らず、他の種類の二人組に開放するというパックスの中心的特徴の一つがすでに現れていた。起草者の意図としては、これらはカップルの性別構成を問わないどころか、カップルにすら留保されておらず、友人同士などの単なる二人組、兄弟姉妹などの近親者である二人組にも開かれたものとなっていた。同性カップルのみに留保された地位を考えるのではなく、より大きな争点に同性カップ

ルの問題を解消し、既存の家族秩序に楔を打ち込もうとする、五月革命以来の流れを汲む方向性である。このようにフランスでは、最初から同性カップルに限定されないカップルの法的地位が構想され、この流れが運動の中でヘゲモニーを握ることによりパックスとなって結実することになる。

ところで、このような結婚制度とは別立てで、性別構成を問わない二人組に適用される普遍的地位を採用している国は少数派である。スウェーデンのように一部親子関係にかかわる権利を除いて登録パートナーが結婚しているカップルと同じ権利を行使できる国でも、登録パートナー制度自体は同性カップルのみに限定されており、異性カップルはこれに登録することはできない。個人の具体的特性に基づいて国民の中に特殊なカテゴリーを作ることを表向き極端に嫌ってきたフランス共和主義に親和的であるのは、もちろん性別を問わない形式である。このことも手伝ってこの方向性は左派の政治勢力にも支持されることになった。

政治に支持されたのは共和主義への愛着からだけでは、もちろんなかった。結婚を嫌いユニオン・リブルで暮らす異性カップルが多いのだから異性カップルも結婚以外の新しい地位を必要としている、と述べることで、同性カップルの承認という世論の激しいリアクションを引き起こしかねない争点をわずかに薄めて見せることができるという利点があったからだ。この路線が支持されることになるのは、進歩主義を奉ずる革新的な論理が、厄介な論点を真正面からできるだけ扱いたくない及び腰の政治的配慮と合致したからである。

いずれにせよ、九〇年代の前半は一部の議員が法案を提出していただけで、議会の左翼勢力の中にもこの問題に関するコンセンサスがあったとは思われない。これらの法案は審議されることなく、一九九三年に左翼は政権を失う。保守政権下でも野党議員から法案は提出されたが、審議されることはなかった。といっても、一九九七年の左翼の政権復帰ですべてが始まったわけではなく、保守政権末期にも当時の法務大臣はボルドー大学教授である法律家ジャン・オゼにこの問題について諮問をしていた。この諮問は連立左派内閣の誕生後も追認され、彼は答申を出すことになる。穏健な保守派と目されるオゼによって出された答申で推奨された解決策は、性別構成や関係を全く問わない二人を対象とした、そして金銭問題の解決に限った契約の創設であった。ここでは同性カップル承認という象徴的次元は完全に消去され、実利的次元のみに問題が集約されている。

この他にも左翼政権は独自に専門家への諮問を行っている。こちらの論者は、家族に関する業績で知られる社会学者イレーヌ・テリーであった。彼女の勧めた方策は、破毀院判例を立法によって覆すというミニマムのものである。つまり、破毀院は、婚姻とのアナロジーによって、内縁を男女からなるカップルと定義しており同性内縁の成立を認めないので、立法で同性カップルも内縁に含まれうるとはっきりと定めて破毀院の判例を覆そうというものである。ミニマムというのは、このテリー提案が新しいカップルの地位を新たに創設しないで済まそうとするものだからである。

また政府は他方で、自ら政府提出法案を準備することをせず、国会議員にイニシアティヴをとらせてもいる。こうして、ジャン・ピエール・ミッシェルやカトリーヌ・タスカらがメンバーとなった法律委員会[9]が提示したものがパックスである。しかし、どの方向性を選ぶかは直前まではっきりさせていなかった政府は、世論の様子を窺っていたようである。政府主導ではなく、国民代表のイニシアティヴを起源に持つことで、この法律の正当性が担保されたとも言えるが、このプロジェクトに関しては、政府および革新派の議員の中に常に躊躇と曖昧さがあったと言った方が現実に近そうである。

というのもその曖昧さが立法過程にも反映されたからだ。その典型例が、パックス法案の審議が開始されようという一九九八年十月九日の「珍事」である。国民議会での法案の審議手続に不受理の申し立てというのがある。これは法案の内容が憲法違反であることを理由に審議に反対する動議を提出することであるが、普通であれば、議会多数派が提出している法案に対してこの動議が可決されることはない。しかしながら、この日はなんと社会党議員の大幅な欠席と阻止のモチベーションにあふれた野党議員の高い出席率によって、与野党の数的優劣が逆転してしまい、不受理の申し立てが可決されてしまうことになった。この大失態に関しては、もっともな説明がいろいろなされたが、このような不測事態の発生は、社会党議員をはじめとして左派議員の中にあったであろう逡巡の大きさを想像させるに難くない[10]。実際、法案は、ミッシェルらの法律委員会の幾分閉鎖的な環境で練り上げられており、他の議員にとっては、問題となっていることについて理解を深める機会は奪われていたようである。

この事態は、パックス反対勢力の中に一時的ながら勝利の熱狂と、賛成勢力の中に当然ながら怒りを引き起こし、両勢力がともにそれぞれデモ行進を組織するなど、世論を活性化させる効果だけはあったようだ。いずれにせよ、政府は法案の再提出を約束し、それは実現される。

9 ミッシェルは、市民の運動党（ＭＤＣ）のメンバーで、プリカン率いるコレクティフＣＵＣと太いパイプのある議員である。事実上、ここのコレクティフＣＵＣが政治との対話の回路を独占する形になったようだ。

10 もちろん同性カップルの承認問題についての社会党の貢献は小さくなく、その点について過小評価することはできない。ただ、この問題はおそらく左右どちらかへの所属で回答が自動的に決まる類のものではなかったことを指摘しておきたい。表面的には、保守政党（共和国連合、フランス民主連合、自由民主党）が反対に回り、革新政党（社会党、共産党、市民の運動、緑の党）が賛成で、保守派の中に造反者、棄権者を一名ずつ数えただけであったが、革新系の議員に迷いがあったように、保守派の議員の中にも形式はどうあれ同性カップルの問題に何らかの具体的解決を与えるにやぶさかではないものもいた。

11 例えば、「［両親に不幸があって、自分の孫娘が］二人の男、または二人の女によって養子にされることになるなど耐えがたいことである。……もし私が不幸にも離婚することになって、ある男とパックスを結んで娘を養育することになったら私の妻はいったいどう思うだろうか。こんな悪夢のような展望を考えることは私はできませんよ。」エリック・ドリジェ国民議会議員、「［法相が、同性カップルが養子縁組をすることはないと言うと］それなら、彼らに不妊手術を！」ピエール・ルルーシュ国民議会議員。

法案が無事再審議入りした後も、道は平坦ではなかった。反対者たちはあらん限りの抵抗手段を尽くしたと言える。一五〇〇を超える修正案を、膨大な審議時間を費やして否決し、左派が多数を占める国民議会と右派が多数を占める元老院の間を法案が幾度か往復し、また同性愛者蔑視放言にも対峙しなければならなかった[11]。最終的には、同法案は一年後の一九九九年秋に最終的に可決され、憲法院で条件付ながら合憲判決[12]も出され、署名拒否をちらつかせたシラク大統領も署名をして法律が発効するに到っている。

◆社会と専門家◆

このような政治過程の一方で、どのような議論がフランス社会においてなされたのかを整理しておこう。まずは、パックスが何を変革するものであったのかを知るために、それに対してどのような抵抗があったかを知ることが有益であろう。パックスに反対する主要な傾向は、大まかに言って二種類に分けることができる。

一つ目は、異性カップルとその子からなる家族に価値を置く保守主義である。この傾向は予想にたがわず宗教に基づいていることが多い。中でも、国民議会で、審議妨害のため数時間に渡る演説を敢行した強烈なカトリックであるクリスチーヌ・ブタン（当時、フランス民主連合）は象徴的人物である。また極右政党である国民戦線がこのような傾向に連なるのもまず不思議はないところであろう。他方で、反パックスの論陣を張っていた一部の超保守的な法学者たちも、家族主義の影響下にあることは間違いない。[13]

このような傾向については、ほとんど教条的ともいえる家族主義に基づいているためここでその議論を詳細に検討する利益は薄いが、ここで付言すべきことは、ブタンのような論者でさえも、パートナーと死別した同性愛者が蒙るであろう実際生活上の困難については同情的であり、それについては立法的な解決が必要であると述べていた。このような傾向は保守派の中にもあったが、同性カップルをはっきり承認するような形式は絶対にとりたくないし、結婚制度を脅かしたくないので、パックスのようなカップル契約を改めて創設することには強硬に反対した。

また教条主義的傾向は、法律家たちの間にも見られた。民法学者の一部の特に保守的なセクターからのリアクションは特筆に価する。パックスを支持した民法学者は全体的に非常に少なかったが、彼らの中には、露骨に教会法を持ち出したり、「ソドム[14]が市民権を要求しようとしているから」カップルを緊急に定義しなければいけないなどと述べて、穏健な同僚を心配させ

12 憲法院判決については、拙稿「婚姻外カップル立法化の合憲性――連帯民事契約（ＰａＣＳ）法判決」『フランスの憲法判例』辻村みよ子編、信山社（二〇〇二）

13 Daniel BORRILLO, « Fantasme des juristes vs Ratio juris : la doxa des privatistes sur l'union entre personnes de même sexe », *Au-delà du PaCS*, sous la dir. BORRILLO et al., PUF, Paris, 1999.

ることをためらわない者もいたようだ。[15]

もう一つは、より洗練されたもので、人類学や精神分析の成果を借りてパックスの反社会性を批判する、専門家を中心に展開された言論である。これらの主張の多くに共通する言説は、「性差主義」とでも呼べるものである。これを支持した比較的リベラルな論者達は、同性愛それ自体を道徳的に糾弾したり、幼児性愛と混同したりすることは絶対にない点で、同じ専門家でも超保守的傾向を示した一部学者とははっきりと一線を画しているが、同性カップルの承認を印象付けるシステムを徹底的に避けようとするので、結論にはあまり差がないことが多い。

人類学を援用する議論は、異性愛カップルを中心に形成される超歴史的・超文化的秩序を擁護することが人類の存続にとって必要であり、異性愛カップルと同性愛カップルを同様に扱うパックスは、性差の持っている根本的意味を無化し、それによって文明を危険にさらすなどと主張した。上述したように当時のマルティヌ・オブリ雇用連帯相とエリザベト・ギグ法相に請われて報告を出したテリーの立場もこの中に含まれている。テリーは皮肉なことに、少なくとも保守ではないとされるその位置づけのために、パックスの反対者にもっとも引用される一人となった。

彼女が人類学から借りた「象徴的秩序」という概念は、彼女によれば性差のほか、同性愛と異性愛、婚姻と内縁、性的であるカップル・単なる二人組といったものの間の差異から成り立っている。法はこのような象徴的秩序を守る人類学的使命を負っているが、二つの種類のカップルを混同するパックスは彼女によれば人間社会にとっての危険であることになる。

テリーの議論にはもう一つ特徴的な点があった。彼女は、一九九七年に誌上でパックスの前身となった同性カップル承認構想「民事結合契約」に対する批判を開始している。[16] これが同性カップルと異性カップルを隔てず扱っていることを批判する傍ら、彼女はこの時点で、同性カップルの問題の解決に向けて以下の二つのことを提案していた。まず、同性内縁の成立を認めない破毀院判例を覆すため同性内縁も内縁に含まれることを立法で述べること、そして同性結合を真に承認するための結婚制度を創設することを提案していた。後者は、すでに存在している結婚制度へのアクセスを同性カップルにも拡大するのではなくて、同性カップルのためだけの特別な制度をつくるというものでスカンディナビア方式に近い。

ちなみに、提案の前半は、後に彼女が政府へ行った回答の中でも繰り返されているが、後者はそうではない。テリーはどうやら後者の同性婚姻の創設、つまり親子関係に関する権利を除

14 旧約聖書「創世記」に記されている都市で、その住民の罪悪のために、ゴモラの町とともに神の火に焼かれて滅びたという。ソドムの住民の罪が男色など性的退廃と理解されてきたために、ユダヤ・カトリックの同性愛抑圧の伝統の根拠となったが、本来の解釈では破滅を招いた罪悪は男色ではなく神の使者に対する冷遇であったようだ。

15 V. BORRILLO, op.cit.

16 Irène THERY, « Le contrat d'union sociale en question », *Revue Esprit*, oct.1997.

いて婚姻異性カップルと同等の権利を与える、同性カップルのみに留保された新しい制度を創設するという考えをこの間に放棄したようである。その理由は何であったにせよ、保守はもちろん、同性愛者の団体もそのような分離主義的な解決を望んでいなかった様であるから、フランスでは担い手がいないということで放棄は当然でもあっただろう。

ところでこのアイディアは単なる保守主義でないことを標榜する彼女がたどり着く必然的な帰結の一つであるといえる。同性愛嫌悪でないのだから、同性カップルが同性カップルとして結婚カップルと同じ厳粛さを持って承認されることに対しては反対しない。ただし異性カップルと同じものとして扱われてはならない。特に親子関係に関する権限（養子縁組、親権、人工生殖）は、異性カップルに留保され続けなければならない。同性カップルに親子関係に関する権利を与えることは、象徴的秩序を乱すことになるからだ。だから既存の結婚制度に道を開くのではなく、同性カップルのためだけの制度をというわけである。

これはこれで議論の筋は一貫しているといえるが、問題は、法がその基礎としなければならない「象徴的秩序」がいったい何なのかである。ジェンダーは、テリーにとって乗り越えられるべき何ものかではなく象徴的秩序の重要な要素であるようだ。彼女は、それが文化的、社会的に作られたものであることを踏まえて、この文化的差異こそが人間の社会に意味を与えているということ、そして男性あるいは女性が主体として自らを構築していく過程でそれぞれが互いを他者として必要としていることを主張する。その結果、男女という組み合わせの、同性同士の組み合わせに対する優位性が浮上することになる。

この主張がウルトラ保守と違うのは、生物学的（場合によっては宗教的）な根拠、すなわち生殖可能性の有無からダイレクトに導き出されていないことである。生殖可能性に基づいて、同性カップルと異性カップルを区別するのは最も単純で、そうであるがゆえに最も効果的でもあった。しかし、これは現行制度が子どもを作らないカップルに結婚を認めている点において、現行制度を擁護するには実は不十分な理屈である。結婚する男女の具体的な生殖可能性に基づくことができないので、問題を象徴的な次元にまで引き上げる必要が出てくるのであろう。しかしながら、なぜ男女の区別だけが互いにとって決定的なのか、なぜ一方が他方を常に必要としなければならないのかという点について答えを探すと、これも結局、男女の生殖上の役割の補完性を象徴的なレベルに反映させたに過ぎないように見える。

ここで象徴的秩序や性差普遍主義の検討をアカデミックな仕方で行うことは、難儀である上に利益が薄い。というのも、象徴的秩序の保守ないし擁護が文明の維持にとって必要だという主張が正しいかどうかは、もちろん科学的に検証されるべき筋合いのものではあろうが、より重要な点は、なぜ国民代表の決定が国民の意思ではなく象徴的秩序に拘束されなければいけないのか、という問いにあるからである。ここでは象徴的秩序は、民主的決定によっても覆すべきでない、民主的な解放の外側にあるものとして提示されているが、なぜこのように社会的な争点をア・プリオリに民主的決定の対象としないことを主張できるのか、ということが大いに問題である。デモクラシーや平等といった価値は、現在の政治体制をラディカルに否定するのでない限り、すべてのリベラルな論者が受け入れているはずの、ここでは正当化不要（あるいは不能）の価値である。こうした価値を、専門的知識の名において、民主的決定を助けるための情報提供の域を超えて、根本的に相対化しようとすることが果たして正当化されるのか。パックス論争を通じて、このように社会的争点についての学者の役割そのものが問われるにいたった。

この論争を通じて沈黙を守ってきた社会人類学の重鎮レヴィ＝ストロースは、テリーらを批判する立場に立つ社会学者エリック・ファッサンからの質問状に応えて、社会生活上の問題について、民俗学者の専門性から得られる知恵は、その同時代人にとっても無益ではないであろうが、しかし社会的選択の決定権は、学者そのものにではなく学者もその一員であるところの市民に属している、という趣旨の回答を示し[17]、人類学的な知識の使われ方に疑問を投げかけている。

さて、ここまでパックスに反対してきた側、特に「リベラル」な立場からの拒絶を詳しく紹介したが、もちろん同性カップルの承認に積極的に賛意を示してきた知識人も多数いたことを忘れることはできない。パックスができるまでの数年間、メディアを通じて同性カップルの問題が両陣営から論じられてきた。こうした過程を通じて、少なからぬ知識人が同性カップルの承認に賛意を示してきた。特に、積極的な働きかけとして銘記されるべきなのは、一九九六年三月一日の『ル・モンド』に「同性カップルの法的承認のために」というタイトルで、数年後に亡くなった社会学者ピエール・ブルデューをはじめとして、哲学者ジャック・デリダ、歴史学者ミシェル・ペローのなどの名前で掲載されたアピールである。続いて月刊紙『ヌーヴェル・オブセルヴァトゥール』には、同性カップルの法的承認を要求する彼／女らを含めた知識人二三四人のアピールが出され、強いトーンで同性カップルがこうむっている不正が糾弾されている。

17 Eric FASSIN, « La voix de l'expertise et les silences de la science dans le débat démocratique », Borrillo, op.cit., p.110.

III 功績と限界

◆フランス社会に根付きつつあるパックス◆

パックス法案が最終的に成立し、憲法院の合憲判決を経て一九九九年十一月十六日の法律として発効してすでにかなりの年月が経過している。この間、この新制度はすっかりフランス社会に根を下ろしたようである。施行一年後のアンケートでは、回答者の七〇パーセントという圧倒的多数がパックスに好意的であるという結果が示された。保守派は、審議中はあらゆる手段をつくして抵抗していたにもかかわらず、二〇〇二年に政権回帰を果たした後も、パックスを廃止する様子はない。

統計に目をやると、二〇〇二年十二月三十一日までに七万三三六九件のパックスが締結され、そのうち五六六八件程度が解消されている。[18] 一九九九年末の法律の発効直後のお祭りムードが過ぎてからも締結されるパックスの数は安定しており、二〇〇二年は増加傾向となった。パックスを結んでいる人の割合は、都市部で高くなっており、パリでは一〇〇〇人当たり六二人がパックスを結んでいるという計算になる。また今のところたいした法的紛争もおきていないようである。

パックスが結婚制度に並行することによって生ずる社会的影響を評価するには時期尚早であるが、数字上、結婚するカップルに影響は表れていない。一九九九年以降三〇万件程度のペースで結婚式が執り行われていることになる。これは一九九九年以前を上回る数字である。同期間に結婚したカップルとパックスを締結したカップルの数の比は一〇対一程度で、スカディナヴィアやオランダの登録パートナーシップと比較しても数字の上ではまずまずパックスが成功であったといえるようだ。

ただ、パックスカップルの性別構成を調査することは禁止されており、締結されたパックスのうち同性カップルと異性カップルがどの程度の割合なのかは分からない。このため実際この新制度がそれぞれのニーズにどれだけ対応しているかを推し量るのは容易ではない。本文でも指摘されているように、パックスは制度である結婚と完全な事実上の状態である内縁の中間に位置している。結婚よりも権利の保障の程度は弱いが、貞操義務などが存在せず、解消も容易なので結婚よりも拘束が少ない。結婚も一種の契約であるが、当事者の合意では覆すことのできない制度的側面が多い。これに比べて、パックスは、当事者の合意で決めることのできる点

18 Infostat justice nº64, mars 2003.

が多く、また予告期間を経れば一方的に破棄することも可能なので契約としての要素がより強い。この制度的側面と契約的側面の両面性のために、パックスは異性カップルと同性カップルでは異なる意味を持ちうる。

パックスは、その制度的側面をもって、それまで「消極的に許容されている」以上の存在ではなかった同性結合に新しい厳粛な結合としての意味を付与する一方、その契約的側面を以って異性カップルにとってはカップルの契約化を促進する。カップルとして承認されたいと強く望む同性カップルが結婚の代替としてパックスを選ぶとき、それが結婚に近い意味を持ちうるのに対し、束縛を嫌って結婚はしないが日常生活に伴う最低限の法的問題の処理のためにパックスを選んだ異性カップルにとって、それは更なる非婚化と私生活の多様化を意味する。このようにパックスは、それを使う者の実践を通じて、まさに自身の社会的意味を模索しているところなのだと言えよう。

◆パックスの功績◆

さて、前述したように同性結合に法的正当性を与えるという意味でパックスが重要なステップであったことは、パックスを十分ではないとして批判している人にとっても否定の仕様のない事実である。もちろんそれまでも同性カップルは違法ではなかった。フランスは、大革命以来、同性結合それ自体を処罰したことはない。近代国家の誕生とともに成立した公的領域と私的領域の分離というシェーマの中で、私的領域に属するとされたセクシュアリティは公的介入の対象にしないことが大原則だからだ。ヴォルテールやモンテスキューも同性愛行為の非道徳性を認めながら、それが私的領域に属することを理由に処罰に反対した。従って、同性愛者が処罰されないのは、その行いが完全に私的なものであるから国家の刑事的介入は慎むという理由からであって、同性愛行為に道徳的な問題が無いとされたからではない。行為が寛容されているということと、差別がないこととはまったく別の次元の問題である。同性愛者は、私的領域にとどまる限りにおいて大目に見られるという状態にあったことを、パックスへの抵抗はよく示している。

まず、この点についてパックスは突破口を開いている。同性愛は私事であるから制度的な承認の対象とはなりえず、せいぜい内縁の一類型に含めることができるに過ぎない、という類の発言は議会審議を通じて多くの議員の口からきくことができた。ところが、この人たちによると異性愛は私事ではない。その有用性のゆえに制度的な保護に値するセクシュアリティなのである。このようによく聞かれるセクシュアリティは私事だから公的介入の対象にはならないという言説は明らかにダブルスタンダードである。介入は何らかの形で常にあり、問題はどのような形の介入があるのかということに過ぎない。あまりに自明に思われているせいか問題にされないこのダブルスタンダードを、同性カップルの承認要求は浮き上がらせた。そして制度的な承認を部分的に勝ち取ることによって、これを侵犯することに成功したと言える。

次に、より象徴的な次元でパックスが新しい局面をもたらしている。パックス以前は、同性愛者蔑視発言はあまり問題とは思われていなかったようだ。それはパックスの議会審議を通じても明らかだった。実際、複数の野党議員の口から同性愛者を軽蔑する発言が飛びしているからである。例えば、ユダヤ人、イスラム教徒、あるいは女性に対してあからさまな差別発言を政治家がすれば、通常フランスでは大問題になる。従って、同性愛者に対する差別的発言を国民代表が公式な場所でできたということは、それが差別であると認識されていなかったということの証左である。

ところが、パックスが社会に定着することによって、少なくともあからさまな同性愛嫌悪が公の場で流通することは許されないという雰囲気が出来上がった。二〇〇〇年には、性的指向を理由とする差別の禁止が、性別、人種などに基づく差別の禁止と並んで法律に明記されることになった。同性愛者であることをカミング・アウトしていた社会党のベルトラン・ドラノエがパリ市長に当選し、保守の最大党派である大統領多数派連合（UMP）も、年に一度の祭りであるゲイ・プライドに党から代表者を送るようになるなど、完全に政治風景の中に組み込まれた感がある。

こうしたパックスの一定の功績が広く認められるところなった今、これで同性カップルに関する議論は打ち止めであると考える向きもあるだろう。しかし、パックスの限界はつとに指摘されてもいる。限界を指摘する人々にとっては、パックスは最終到達点ではなく、セクシュアリティの平等という究極的な目標に近づくための通過点に過ぎないという思いがある。彼／女らにとっては、パックスは議論を終わりにするためではなく、むしろ議論の端緒を開くものであるはずだった。残された争点について述べていこう。

◆影の争点――同性愛親（Homoparentalité）問題◆

パックスは結婚に比べれば、あらゆる面で保障の程度が低い。特に問題とされているのは、贈与税の控除を受けるために、一定の締結期間をパックス経過期間が要求されていること、そして、外国人がフランス人とパックスを結んだ場合、滞在許可の取得に関してパックスを結んでいることが評価される度合いが低すぎることである。このようにパックスには実際上の不都合がいろいろあるので、本文中でもパートナーを守るために、あるいはパートナーから自分を守るために、パックスとは別にしておくべきことが、著者によって盛んに紹介されている。ま

19 同性愛親（Homoparentalité）とは、九〇年代終わりごろパックスの登場と同時期に使われるようになった言葉で、同性愛者が父親または母親である、あるいは、そうなることを指している。同性愛者が養子縁組や人工生殖を通じて子を持つことなどを指すことなどが多い。

た、パックスと結婚には、単なる程度問題を超えた大きな差異がある。それは親子関係に関する権利の有無である。この問題についてやや詳しく述べておこう。

パックスを創設した法律は、カップルについてしか述べておらず、親子関係に関しては一言も述べていない。つまり、パックスの到来は親子関係については一切変更をもたらさないということである。おそらく同性カップルによって最も待望されていたであろう改革の一つがこの親子関係であった。パックス・パートナーの一方に子があった場合の、他方のパートナーによるこの子に対する親権行使、パックス・パートナーの人工生殖医療へのアクセスおよび共同養子縁組、これらはすべて認められなかった。実際には認められなかったというより議論の外へ締め出されたと言う方が現実に近い。

法案で全く触れられていないにもかかわらず、実際には、この問題が最も大きな象徴的争点をなしていたようだ。野党である保守側は、パックスが、同性カップルの結婚あるいは人工生殖医療の利用のための布石なのではないかという質問を浴びせた（まさにこれを期待している当事者にとっては当たり前のことではある）。翻って、パックス審議中のギグ法相の対応といえば、パックスは家族・親子関係とは関係がない、家族法改革は別に行うということを呪文のように繰り返すばかりであった（事実、家族法改革はこれに続いて別立てで行われた）。法案の早期成立のために、法相はとにかくこの紛糾必至の論点を避けたかったようだ。こういうわけで、隠された争点であったにもかかわらず、この問題は真正面から議論されずに終わった。政治的妥協の形成に重点がおかれた結果である。しかし、同性愛親問題は同性カップルの承認問題と同時進行で九〇年代を通じてある行政訴訟によってすでに提起されてきた。

フランスでは、結婚していなくとも単独で養子縁組を行うことができる。あるフランス人男性が、国家が後見人となっている子（孤児）につき養子縁組を希望した。これに伴って、行政はこの男性が養親にふさわしいかどうかを知るための事前調査を行った。この調査の間、この男性は自分が同性愛者であることを行政に対して明らかにしていた。これに対して、行政側は、物理学の教授資格を持つこの男性が申し分の無い人格者であることを認めながら、「女性的な指標が恒常的に欠如している」ことを理由に、養子縁組を行うための前提条件である承認を与えず、最終的に裁定する大審裁判所も行政と同じ立場に立った。この男性は不服申し立てを行うが、実質的には性的指向のみを理由に養子縁組の承認を拒否できるというこの判断は、行政系の最高裁判所であるコンセイユ・デタにおいて確認されるに至った。

この事件はヨーロッパ人権裁判所まで持ち込まれることになる。フランスは、ヨーロッパ人権規約八条の私生活の尊重と一四条の平等原則への違背の有無を裁定されることになった。二〇〇二年二月に出た判決は、結局フランス国家の判断を追認するものとなっている。[20] 判決の筋道を簡単に述べておこう。まず人権裁判所によると、養子縁組の際に最も尊重されなければならないのは「子の利益」であって、親になる側の「子への権利」なるものは存在しない。そして、同性愛者に育てられることによる子への影響については科学的にコンセンサスがなく、世論も分裂している。こうした状況下では、ヨーロッパ人権裁判所はその判断を各国に押し付けるわけには行かず、広い裁量を各国に認めざるを得ない。今回の承認の拒否についてはこの裁量を逸脱するものではない。セクシュアリティの平等は、いまだ国家を拘束的に指導する原理ではないと判断されてしまったということである。

この結論は、現段階での限界をよく示している。パックスは、同性カップルの権利それ自体に対しては一定の前進であったが、真の争点でもあった親子関係の問題は、依然として超えがたい壁として聳え立っている。しかし、国内下級審ではこの立場はやや緩和されている。二〇〇一年六月にパリ大審裁判所は、ある女性が、その同性パートナーの三人の未成年の子を養子にすることを認めている。これは実親との関係を断ち切らず新たに養親子関係を創設する単純養子縁組のケースであったので、この子には二人の女性の親がいることになる。従ってこの判決は実質的には同性カップルを親と認めるものとなったようだ。また二〇〇〇年二月にはブザンソン行政裁判所が、同性パートナーと暮らしていることを明らかにしている女性に養親の資格を与えている。これはその十カ月後ナンシー行政控訴院で取り消されているが、この一連の判決は、まず同性愛親に反対する側の、次に賛成する側の署名活動というリアクションを引き起こしている。同性愛親問題がまさにポストパックスの争点として急浮上していることがここでも窺える。

しかしながらこれらのケースでは全て、結婚もせずパックスも結んでいない法律上の独身者による単独の養子縁組をめぐるケースなので、厳密には同性カップルが、養子縁組を通じてあるいは人工生殖を介して共同で親となる場合とは、同じ同性愛親問題でも次元が異なっている。[21] 同性のパックスカップルが共同で養子縁組を要求することに対しては、同性愛者の単身の養子縁組に反対しないものも厳しい顔をすることになる。

前述したように、パックスの審議当時のギグ法相ははっきりと、カップルでの養子縁組や人工生殖は異性カップルのみに留保されるべきだと述べている。これらは、法相のようにパックスに賛成した論者にも広く共有されているようである。家族主義的な立場からパックスに反対した者にすれば、それは伝統的な家族に対する攻撃であるし、同性愛者が子を育てること自体が子に悪い影響を及ぼすものと考えられている。従って、単身であろうがカップルとしてであろうが同性愛者が人工的に親になること自体、当然受け入れられないことになる。この人たち

20 ヨーロッパ人権裁判所二〇〇二年二月二十六日 Affaire FRETTEc.France,(Requête n°36515/97)

21 もともとフランスの裁判所は、同性愛者がその生物学上の子に対して監護権などを保持することに好意的である。

は、同性愛を幼児性愛と混同して反対していることも少なくない。これは大いに問題とされるべきではあるが、保守からのものとしては大して意外性のないリアクションであった。

より注目すべきなのは、パックスでは意見の一致しないギグ法務大臣と、イレーヌ・テリーや次に述べる哲学者シルヴィアンヌ・アガサンスキらが、同性カップル親問題になるとみんなで同じ結論に落ち着くということである。親子関係の権利義務は乗り越えられない壁と明言するギグ法相の立場は、テリーやアガサンスキに影響されているようである。

テリーは、繰り返してきたように、性差を中心としてなる象徴的秩序を擁護すべきだと主張する。従って、同性カップルが両親になるという性差を徹底的に相対化してしまうような構想を法的に確立することに、彼女が反対であるのは論理必然である。[22]

アガサンスキは、社会科学高等研究院で教鞭をとる哲学者で、当時首相であったリオネル・ジョスパンの妻でもある。彼女はその著書でパックスを擁護しているが、同性カップルが親になることに対しては、テリーと大差のない理由で反対している。[23]つまり、男女からなるカップルと同性カップルは異質なものであると規定して、同性カップルを両親として法的に確立するべきではないというのだ。[24]アガサンスキはテリーと違ってパックスを各人の性的指向の保護にとって前進として評価するが、異性カップルと同性カップル間の絶対的平等を認めない。興味深いところなので、少しここで立ち止まってみよう。争点の理解には、当時、パックスと同様に左翼政権の目玉プロジェクトの一つであったパリテ（Parité）に関する論争を合わせて考えるとよい。

パリテというのは、フランスの女性議員の数がＥＵでも最低レベルであったという状況を、女性候補者を増やすよう各政党に促すことでドラスティックに改善しようとする一種の積極的差別是正措置である。現在フランスの法律は、比例区において各政党が男女同数の候補者を名簿に登載するように義務づける一方、小選挙区も含めた全体の候補者の男女のバランスが一対一に近くなるように経済的なインセンティヴをとっている。ところでこれが普通の積極的差別

22 しかし彼女はこの問題についてまた独自の解決策を用意している。それは複数親構想とでも言える。核家族という形態にこだわって制度設計をするのではなく、子をめぐる様々な存在（生物学上の親、養親、複合家族のメンバー）が子に関われるシステムを提唱してもいる。THERY, « Pacs, sexualité et différences des sexes », *Revue Esprit*, octobre 1999. 彼女は、同性カップルがそろって親になることには反対でも、同性愛者による単独養子縁組には反対しないようだ。彼女は先のナンシー裁判所の判決の不正を訴える活動に署名者として名を連ねている。

23 Sylviane AGACINSKI, *La politique des sexes.précédé de mise au point sur la mixité*, Paris, Seuil, 2001,p.13.

24 アガサンスキは、過去の異性愛関係から生じた自分の子を育てている同性愛者が現実に存在していることについて異議があるわけではない。また同性愛者が単身で養子縁組をすることにも反対しない。しかし、その同性パートナーにまで親権を拡大することは認めるべきではないと考えている。

是正措置と異なっていたのは、それを支持した論者の論理の中にあった。

アガサンスキのような論者は、男女の議員数の著しい不均衡を解消するための一時的な手段としてパリテを位置づけるのでなく、人類は男女半々からなっているのだから議会の構成もこの生物学的構成を反映しなければならない。しかも人種や民族など全ての差異がそのように扱われるべきではなく、性差のみがこのように扱われるべき特別な差異であると主張したところにその特殊性がある。[25] ところで、性別に基づいたカテゴリーを公職選挙の場面で創設することは、具体的な属性を捨象された抽象的な市民からなる不可分の共和国という理念を根本的に問題にするものである。[26] このため共和国を一にして不可分のものと定める第五共和制憲法三条[27]そのものを改正することがまず必要とされ（四条も改正された）、この改正の後、各政党が男女の同数の候補者を立てるように促す法律が採択されたのである。

このような歩みを正当化すべく、アガサンスキらが大幅に依拠したのは、性差普遍主義とでも言うべき立場である。これを単純化して言えば以下のようになる。国民は国民である前に、まず男性か女性である。この差異は他の差異と質的に異なる普遍的差異であり、あらゆる歴史・文化を通じて遍在した。男性支配を覆い隠してきた抽象的個人を主体とする普遍主義にかわって、人類は男性と女性からなるというこの事実を政治的な局面でも数的に反映する具体的普遍主義が必要である。パリテはその試みである。つまり男性と女性の間の平等を、その間の差異とそこからくる「相互依存性」に基づいて基礎付けようとしたのである。

しかしながら、このように性差を「聖別」する議論は、それを混乱させる存在である同性カップルに対して、ある時点から寛容ではありえなくなる。アガサンスキは、生殖における男女の相互補完性・依存性の上に、両者が異質でありながら平等であることを根拠付けるので、同性カップルが共同で親権を行使したり、共同で養子縁組をしたり、人工生殖を利用したりすることはこの相互補完性・依存性を消去するものとして忌避する。[28]

さて、このように理論武装しているかどうかはともかく、同性カップルが親になるということに対しては、左右を問わず大きな躊躇がフランス社会にあることは間違いがないようだ。しかし、性差を「神聖化」することに強く反対し、同時に同性親に賛成する立場も確実に存在す

25 もちろんパリテを支持するものが全てこのような立場に立ったわけではない。不均衡を解消するための積極的差別是正措置と考えて賛同したフェミニストもいる。
26 実際八〇年代に、クオータ制は憲法院によって違憲の判断が出されている。
27 フランス第五共和制憲法第三条：
第一項「国の主権は人民に属し、人民は、その代表者によって、および、人民投票の方法によって、主権を行使する」
第二項「人民のいかなる部分も、いかなる個人も、主権の行使を自己のために独占することはできない」
第三項（一九九九年パリテのため追加された条文）「法律は、選挙によって選出される議員職と公職への男女の平等なアクセスを促進する。」

る。

例えば、「左翼女性でありかつ執拗なアンチ・パリテ派」であると自己規定するパリ第一大学のエヴリヌ・ピジエは、公的な場面で性別役割を再現しようとするパリテは「家族の転覆を心配する世論を安心させる」「右派にも左派にも都合がよいもの」と表現する。二重の普遍をいうことが、異性愛主義的な道徳秩序の信奉者を安心させるだけであり、同性愛者の権利に対してある地点から譲歩を迫る「自然主義的偏見」であることを示唆する。そして、これがかつて女性をデモクラシーから排除してきた「自然主義的偏見」と同一の根源のものであることを喝破する。彼女は、同性カップルが医療を介してあるいは養子縁組を通して法的に親として認められることに好意的でもある。しかし、より彼女が強く言いたいはずなのは、この結論部分ではなく、人間の理性的思考の結果であるはずの法律が、なぜア・プリオリに自然に追従しなければならないのかということである。言い換えると、単に何かが「自然」に適合的であると主張することとそれだけでは、「自然」でないあるカテゴリーの人を差別的に扱う政治的決定を行う理由として不十分であるということである。

異性カップルと同性カップルの完全な平等を支持する異色の民法学者パリ第一〇大学のダニエル・ボリヨも、別の言葉でこの「自然主義」を批判している。家族法が、いかに「不自然」な法的フィクションで満たされているかを指摘し、同性カップルの権利が争点になると振りかざされる文化的禁忌のイデオロギー性を暴露する。事実、家族法は、――無論たいていの法がそうであるように――父性の推定、完全養子縁組[29]、さらには、匿名での出産[30]、近親姦から生まれた子の親子関係の確立の禁止、死亡した人による養子縁組、不妊カップルによる人工生殖など、人間の作為の産物に満ちている。これらは、「自然」に反する外観にもかかわらず人間が必要に応じて構築してきた法的フィクションである。従って、人間が、その必要、例えば平等化の要請に応じて自然に反する変化をもたらすことを禁じるものは、少なくとも法的には存在しないというべきである。

実際、結婚制度は絶えず時代を通じて社会の変化と歩みをともにしてきた。かつて結婚制限制度上重要であった宗教、人種、女性の隷属といった要素は現代的な結婚を法的に条件付けることはない。もはや生殖も結婚の目的や条件とされているとは言いがたい。ボリヨはこうした

28 テリーは、同性愛親問題についてはアガサンスキとほぼ同じ立場をとるが、彼女は、パックスに批判的であっただけでなく、パリテにも反対であった点でアガサンスキと正反対の立場に立った。テリーは、性差が意味を持つべき私的領域で、パックスが同性カップルと異性カップルを混ぜこぜにして制度上、性差を無意味化することと、我々が普遍的個人として行動し性差が意味を持つ余地のない公的領域で、パリテが性差によるカテゴリーを持ち込むことを批判して「対称的な歪曲」と呼んだ(L'Express 一九九九年二月十一日)。つまりテリーは、公的領域と私的領域で異なる原理が支配することを認める公私二元論者である。

29 元の家族との関係を法的に断ち切る養子縁組。

30 子を育てることのできない女性が匿名で出産できる制度。いわば合法的な「子捨て」である。

条件下で、性別の異なる個人に留保され続けている結婚の公共的機能がいったい何であるかを改めて問おうとする。彼は、結婚制度をセクシュアリティを管理する社会的制度として分析する。そして、以前は同性愛行為を刑法で規制することで、異性愛こそが正しいセクシュアリティであるという異性愛至上主義が確立されていたが、現在は結婚制度とそれにまつわる特権へのアクセスを統制することでこれが確保されていると結論する。また彼は、進展を続けてきた結婚制度のあり方こそをカップルと家族という私的領域の民主化の程度を示す物差しと考えている。従ってこの制度のあらゆる個人への開放を要求するという展望でのみ、パックスがその進歩的な意味を持ちうると述べる。つまり、パックスは通過点に過ぎないということになる。

ところでパックスが社会に完全に統合された今日、同性結婚や同性愛親の解放の是非が政治的な争点として急浮上している。というのも、ジロンド県ベグル市のノエル・マメール市長（緑の党）が、民法は同性婚姻を禁止していないという解釈の下に、ある男性同性カップルの結婚式を二〇〇四年六月に執り行ったからである。一方で批判を、他方で称賛を受けた市長の行為は、問題の結婚の無効が国内裁判所で言い渡される見通しであるにもかかわらず、大きな政治的影響力を持つことになった。なぜなら、特に社会党の一部の有力者たちが、二〇〇七年の大統領選を睨んでか、次々に同性婚や同性愛親を肯定する発言をはじめ、保守勢力でさえも、少なくともパックスの改善に好意的な立場を表明せざるをえなくなったからである。もちろん、社会党の内部も満場一致であるにはほど遠いが、近いうちに本格的な議論が開始されそうであることは間違いない。

Ⅳ　日本は遅れている?

このようにパックスは家族と性と、そして性差をめぐるフランス社会の論争の只中に位置づけることができる。現実には、パックスという新形態は、その妥協的な性質のために呉越同舟の様相を呈しているが、それを解きほぐしてみることは、少なくともどのような選択肢が現代の日本で生きる私たちにも提示されうるのかを知ることを可能にする。もちろん日本の状況と安易に比較することはできない。また日本がこの分野で一方的に遅れているなどと簡単に結論することもできない。フランスが、ヨーロッパ人権裁判所の圧力で、いわゆる「不貞子」(両親のどちらかが別の人と結婚していたときに懐胎された子)に対する相続分差別を廃止したのは、最近のことであるし、八〇年代までフランス刑法は同性愛行為を差別的に扱っていたのである。

ここまで散々述べてきたところから分かるように、フランスの歴史的・政治的・社会的背景は日本のそれとはかなり様相を異にしている。共和主義、ユダヤ・カトリックの伝統に根を持つ同性愛行為処罰の歴史、自覚的な同性愛嫌悪者の存在、深刻なエイズ問題、フットワークの重い結婚制度とそれへの反発、ヨーロッパ人権裁判所という外圧の存在など、フランスと日本を分かつものは枚挙に暇がない。中でも宗教に起因する抑圧の歴史と、自覚的な敵対者の存在などとの対決は、フランスの運動が結束力を持つ上で大きな役割を果たしたといわざるを得ないであろう。

日本では、こうしたむしろネガティヴな要素の欠如が逆に災いしてか、同性カップルの権利問題の一般的な認知度は低いようだ。もちろん同性愛者の人権問題一般への取り組みはずっと前から始まっており、当事者団体を中心に啓発活動、裁判、国や自治体のへの働きかけによって成果を挙げている。[31] もちろんパートナーシップ制度など同性カップルの承認に関してはこれからというところであろう。政治的要求としてこれが掲げられるまでになるためには、需要があり担い手が形成されなければならないが、こうした把握自体もまさにこれから始まろうとしているところだと思われる。

もちろんパックスのもう一つの側面、婚姻外共同生活の保護という意味では、日本には大審院時代にさかのぼる長い内縁保護の歴史がある。この判例による内縁保護は、当初、婚姻届を出さずに婚姻生活に入る夫婦が多かったという日本的な特殊性を背景として展開されてきた。裁判所が、内縁をまずは婚姻の予約として、後に準婚として考えてきたことからも分かるように、日本では、内縁は常に婚姻とのアナロジーによって存在してきたと言え、法律の外側に置

31 例えば府中青年の家の同性愛者宿泊拒否をめぐるアカーの裁判闘争はよく知られている。

かれることが原則であったフランスの内縁とは社会的な意味が全く異なっているようだ。大半の場合が女性であろうと思われるが、弱い立場にあった内縁配偶者を実態に合わせて保護する日本の判例の立場は、法律婚保護を限界としながらも一部の重婚的な内縁まで広く包摂するような柔軟なものである。

ユニオン・リブルといわれるフランスの婚姻外共同生活は、結婚に伴う制約を嫌って自覚的に非婚を選択している点で、過去に日本の裁判所が保護対象としてきた「内縁」とはその意味が同じではないようだ。一部の日本のケースで内縁カップルに貞操義務や扶助義務まで認める判例があることは、そのような義務がないことこそを本質としたフランスのユニオン・リブルと、日本の内縁との間に大きな差異が存したことを実感していただけることと思う。

しかしながら、日本でも法律婚が浸透し、届出、いわゆる「入籍」が、当事者が自らを結婚しているとみなすための重要な心理的要素となるにいたる一方で、夫婦別姓の実践などを理由として、婚姻届を出さないことを自覚的に選択するカップルが増えている。このようにむしろフランスのユニオン・リブルに近いようなカップルが出現するにいたって、結婚しているカップルの取り扱いをできるだけ内縁カップルにも及ぼそうという準婚理論は疑問視され始めているようだ。わざわざ法律婚の拘束を避けて事実婚を選んでいるカップルに、法律婚に近い拘束をできるだけ与えようというのは確かに「自由な」結合にとって本末転倒な結果ではある。

このように蓄積のある日本の判例ではあるが、まだ同性カップルからの要求には直面していない。現在、法律婚することができない同性カップルの立場は言ってみれば、何らかの事情で法律婚をしていなかった（できなかった）異性内縁カップルに近いかもしれない。同性カップルの共同生活は現実に存在しているし、彼／女らは、日常生活上、夫婦とみなされないために困難に出会ってもいる。将来、裁判所に問題が持ち込まれる日も近いかもしれない。また、パックスのような立法による婚姻外共同生活の規律に対して学説の関心も低くないようだ。海外での立法の動向もさかんに紹介されているし、憲法二四条の「婚姻は両性の合意のみに基づいて」の行が、同性婚やパートナーシップ制度の創設に障害をなすものか否かについて解釈を展開している学説もかなりある。[32]

ただし、法律婚を基礎として成り立っている家族制度を相対化しようとする動きに対して日本の立法は極端に冷淡であることは誰もが承知の事実である。一九九三年に法制審議会は選択的夫婦別姓制の導入や婚外子の相続分差別の是正を提案したが、これはいまだ実現されていない。前者については同じ姓を名乗らないことで家族の絆が弱まるとか、後者については法律婚の尊重に反するとかの理由で反対があることは言うまでもない。

---

32 日本国憲法第二四条第一項の「両性の合意のみ」という文言を形式的に解釈して同性婚への限界と見るものと、この文言は当事者の自由な意思による結婚を阻害していた家制度を解体するため「合意」を強調するため挿入されたのであって、同性カップルの承認を禁止するものではないと見る解釈がある。

やや違った角度から日本の状況を考えてみよう。二〇〇三年に七月には「性同一性障害者の性別の取り扱いの特例に関する法律」が成立し、条件付で戸籍上の性別変更が可能になった。これはもちろん重要な進歩であるが、病気の一つとして認められている性同一性障害者の苦痛や不便を解消することは、政治的合意が比較的得やすい課題であったと考えた方がよいであろう。これに対して、同性愛は、異性愛と同様に性的指向の一つの種類であり病気とは考えられていないし、同性愛の病理化などという時代錯誤の論理に立ち返ることなど問題外である。同性愛が、異性愛と対等な地位で要求をしていくということになれば、異性愛至上主義的な社会に対する真正面からの挑戦であるから、当然、社会的摩擦を引き起こすことになる。また、もし戸籍の性別記載変更を要求するのではなく、よりラディカルに、例えば戸籍に性別を記載することと自体に反対したら、これはとても受け入れられる見込みはない。また、この特例法は現在婚姻していない、子どもがいない、生殖不能な状態であるなどの条件を満たすことを要求している。別言すると、性差とそれに基づく家族秩序を乱さないことを前提条件にして性別記載の変更が許容されているのだ。

民法の改正と同性カップルの承認、性別記載訂正問題の三つを連結して考えてみると争点がはっきりしてくるだろう。大雑把に言うと、性差とその登録、異性愛主義、それらを法的に担保する婚姻制度と家族秩序は、相互に密接に結び合うことで、それぞれ抑圧的に機能しうる。従って、これら一揃いのいずれかの部分に異議申し立てを行う限りで、同性カップルも性同一性障害者も夫婦別姓論者も日本の状況では同じ限界に挑戦していることになるのでないだろうか。

そうであるとすれば、これはフランスの文脈と一致していると言えなくない。前述したようにフランス人の一部が、同性カップルを子育てと生殖から遠ざけるために主張したのは、まさにこの性差とそこから派生する秩序そのものを維持することが法の任務であるということであったことを思い出していただきたい。異性カップルとその子からなる家族というモデルを傷つけることを死ぬほど恐れているのはフランスの「差異主義者」も、日本の保守主義者も同じである。両国で、実際に提起されている具体的課題、社会的状況の相違は無視できないけれども、それぞれの文脈でそれぞれの試みを大きな一つの流れ――私的な領域の自由化と民主化の待望――に位置づけたとしてもあながち間違いではないだろう。

日本のさしあたりの改正のポイントをあげるとすれば、当然すでに提案されてきた夫婦別姓の導入や婚外子の相続分差別の撤廃といった家族内の平等の徹底、そして戸単位を改めるといった民事身分登録制度の見直し、性別記載変更の条件の緩和、さらには同性カップルへの婚姻の開放など、多数派でない人を阻害しないような変更が肝要であろう。これと同時に、パックスのように近代家族とは異なる加入者の意志に基づく結合に枠組みを与えることも考えなければならないだろう。

Commentaire

終わりに

　やや詳細にフランスの社会的文脈を検討してみたが、この新制度の導入の含意が同性カップルの生活を少し改善するだけの単なる「マイナーチェンジ」ではないということを、この伏線から感じ取っていただければ幸いである。もちろんパックスそれ自体が、完全に違和感なく社会に溶け込んでしまった今日では、——象徴的効果は確かにあったけれども——何かを直ちに劇的に変えたわけではないことはよく分かる。それに単に異性カップルと同性カップルの間の平等ということのみに目を向ければ、世界に先駆けて結婚制度を同性カップルに開放したオランダに比べて、フランスは確実に後塵を拝していることになる。しかし、フランスがその経験の中で生み出した異性カップルにも同性カップルにもさらに友人同士にも開かれた「連帯」ための新しい契約という形態は、新しい可能性を開いたものとして記憶されるべき歩みであろう。

　そしてその新しい可能性ゆえに、その背後に別の問いが控えてもいる。生殖の可能性とは全く関係なくその共同生活を保護するなら、二人に限ることに合理性はあるのか。あるいは、なぜ相変わらずこのような集団主義にとらわれなければいけないのか。どのような形態で生活しているかにかかわらず個人を直接対象とした制度をつくればよいのではないか、などの問いである。このようなリベルテールの流れに近い批判は、パックスに対する批判の一つとしてすでに登場している。

他方で、子に関する定めを一切持たず、カップルの問題と親子関係の問題を別に規律したことにより、生殖へのアクセスをどうコントロールするか、誰に子どもを育てる権限を与えるのかという再生産の問題がカップルの問題とは独立して生じることにもなる。異性カップルと同性カップルがパックス・パートナーとして同じ地位を占めているとする。不妊の異性カップルが人工生殖医療や養子縁組を利用できるのに、同様に不妊である同性カップルは利用できない。どちらも法的には同じ状況にあり、自然生殖が不可能だという意味でも同じ状況にある。このように全く同一の状況にあるものの取り扱いの相違は正当化されうるのか。

今これをフランスで正当化しているのは人権裁判所も言及した「子の利益」論である。女性的指標と男性的指標をもつことが子どもの精神的成長にとって必要であると、精神分析関係者は言う。母親と父親を持つことが子どもの権利であると、法学者は言う。また、決定的なのは「子どもの権利」だけであり、異性愛者であれ同性愛者であれ「子どもを持つ権利」などというものは存在しないとも主張される。しかしながら、これは本当にそうなのだろうか。これらは、シングルマザーや婚外子をスティグマ化したり、性別役割を押し付けてきたりした言説の単なる別バージョンではないのだろうか。父と母をもつという子どもの権利のみが絶対的に尊重されるなら、なぜ単独の完全養子縁組など存在するのだろうか。それならば父あるいは母のいない子は全員養子縁組されなければならないはずである。子を持つ特権は実態的には非公式に存在しているのである。問題はどのような形で存在させるのか、ではないのか。

これらの問いに答えることは、包括的な国家・社会構想の必要にまで発展するかもしれない。異性カップルとその子からなる核家族という単位に再生産を担わせ、それに合わせて社会保障やら税制やら教育制度を構築してきたのであるから、これが揺らげば、社会と国家の家族に対する態度も変更を余儀なくされるはずである。このような社会的選択を迫られたとき、どう対処することができるのか、少なくともどのような出発点が選択しうるのかをフランスの経験は国を越えて示してくれている。「自然」だと思われていることに無条件に依拠して議論を自覚的決定の対象からはずすのか、民主的な手続に則り突き詰めて検証するのか。この選択こそがまず大きな分かれ目であることをフランスの知的状況は教えてくれているようだ。

[著者略歴]

ロランス・ド・ペルサン（Laurence de Percin）

様々な雑誌で、法律・社会保障・税制などの欄を担当するジャーナリスト。相続、年金、消費者問題や労働法に関する実務書を執筆している。

[訳者略歴]

齊藤笑美子（さいとう・えみこ）

1975年千葉県生まれ。一橋大学大学院法学研究科博士後期課程在籍。パリ第10大学留学中。本書に関連する業績として、「国家・家族・セクシュアリティの間」『憲法理論研究会叢書10　法の支配の現代的課題』（敬文堂、2002年）所収。専攻は、憲法。

パックス――新しいパートナーシップの形――

2004年8月20日　初版第1刷発行　　定価1900円＋税

著　者　ロランス・ド・ペルサン
訳　者　齊藤笑美子
発行者　高須次郎
発行所　緑風出版 ©
〒113-0033　東京都文京区本郷2-17-5　ツイン壱岐坂
[電話] 03-3812-9420　[FAX] 03-3812-7262
[E-mail] info@ryokufu.com
[郵便振替] 00100-9-30776
[URL] http://www.ryokufu.com/

装　幀　堀内朝彦
制　作　R企画　　印　刷　モリモト印刷・巣鴨美術印刷
製　本　トキワ製本所　　用　紙　大宝紙業　　E1750

Printed in Japan　　ISBN4-8461-0405-2　C0036

◎緑風出版の本

■全国どの書店でもご購入いただけます。
■店頭にない場合は、なるべく書店を通じてご注文ください。
■表示価格には消費税が加算されます

プロブレムQ&A
戸籍って何だ
［差別をつくりだすもの］
佐藤文明著

A5変並製
二六四頁
1900円

日本独自の戸籍制度だが、その内実はあまり知られていない。戸籍研究家と知られる著者が、個人情報との関連や差別問題、外国人登録問題等、幅広く戸籍の問題をとらえ返し、その生い立ちから問題点までやさしく解説。

プロブレムQ&A
同性愛って何？
［わかりあうことから共に生きるために］
伊藤　悟・大江千束・小川葉子・石川大我・簗瀬竜太・大月純子・新井敏之著

A5変並製
二〇〇頁
1700円

同性愛ってなんだろう？　家族・友人としてどうすればいい？　社会的偏見と差別はどうなっているの？　同性愛者が結婚しようとすると立ちはだかる法的差別？　聞きたいけど聞けなかった素朴な疑問から共生のためのQ&A。

プロブレムQ&A
性同一性障害って何？
［一人一人の性のありようを大切にするために］
野宮亜紀・針間克己・大島俊之・原科孝雄・虎井まさ衛・内島　豊著

A5変並製
二六四頁
1800円

戸籍上の性を変更することが認められる特例法が施行されたが、日本はまだまだ偏見が強く難しい。性同一性障害とは何かを理解し、それぞれの生き方を大切にするための入門書。資料として、医療機関や自助支援グループも紹介。

緑の政策事典
フランス緑の党著／真下俊樹訳

A5並製
三〇四頁
2500円

開発と自然破壊、自動車・道路公害と都市環境、原発・エネルギー問題、失業と労働問題など高度工業化社会を乗り越えるオルターナティブな政策を打ち出し、既成左翼と連立して政権についたフランス緑の党の最新政策集。